子育ては
最高のキャリア、
最高の
ウェルビーイング

天野紹子 Amano Shoko

発行・日刊現代　発売・講談社

はじめに

突然ですが、質問です。

あなたが理想とする生き方とは、どのようなものでしょうか?


女性には、仕事や結婚、出産、子育てなどさまざまなライフステージがあり、そのたびに大きな決断を迫られるものです。

私自身、そのような大きなイベントをたびたび経験してきましたが、この社会は女性にとって生きづらい部分が多々あり、特に生き方が多様化している現代においては、そのことをますます強く感じています。

今の女性は、結婚してもいいし、しなくてもいい。子どもを持ってもいいし、持たなくてもいい。仕事に生きてもいいし、家庭に生きてもいい……。

このように人生の選択肢が増え、自由に選べるようになりました。それ自体はとても喜ばしいことですが、どの道を選べば幸せを得られるのかわからず、ひとりで悶々と悩んでいる方も多いのではないでしょうか？

幸せを感じるためには、どんな選択をしようとも、その選択に自分自身が心から納得しているかが重要です。

しかし、選択肢があまりに多すぎる現代においては、「この道を選んだけれど、あの道を選んだほうが、もっと幸せになれたのかもしれない」といったように、自分が心から納得できる幸せ、つまりは理想とする生き方が、より見つかりにくくなっているのかもしれません。

それでは一体、女性はどのような道を選べば、幸せが得られるのでしょうか？

私が本書で最もお伝えしたいのは、女性が大きな幸せを得られるのは子育てによってであり、子育てをすることで最高のキャリアと最高のウェルビーイングが得られるということです。

このようにお話しすると、疑問を抱く方もいるかもしれません。現に最近では、大半の方が「子育ては、女性のキャリアを中断させるもの」と考えているむきがあるように感じられます。

子育てを経験した方であれば、子育てはウェルビーイングを得られるどころか、肉体的にも精神的にも辛いものであり、自由な時間を奪ってしまうもの、と考える方もいるのではないでしょうか。

なかには、子育てをしたことがなくとも、子育てに関するネガティブな情報をメディアやSNSなどから知り、「大変そうだから、自分にはとても無理……」などと感じている方もいることと思います。

私は、子育てに対するこうしたマイナスのイメージが、女性を「子育て」という選択肢から遠ざけているのではないか、と考えています。

ここで、私自身の自己紹介をさせていただきたいと思います。

私は専業主婦として3人の子どもを育てましたが、子どもが成長したあと、

50歳を過ぎて夫が経営する会計事務所（現レガシィマネジメントグループ）で仕事を始めました。

外で仕事をするのは初めての経験で、最初は自分にできるだろうかと躊躇するほどでしたが、会社のグレードアップを目指してオフィスの移転や人事制度改革、組織改革などのさまざまな事業改革を行ない、会社の業績向上に少なからず貢献できたと自負しています。子育てで培われた能力がビジネスで大いに役立ったのです。

そうしたビジネスの現場でやりがいを感じる場面もたくさんありました。大きな満足感や幸福感を得ることもできました。しかし、今になって振り返ると、それはあくまで一過性の幸福感にすぎなかったように思います。

自分のこれまでの人生をあらためて振り返り、どんなことによって心の中に深く温かく広がる幸福感が得られたのかを考えると、それは子育てに関係するものがほとんどなのです。

子育てをしているときは、たしかに大変なことも多くありました。

しかし、そうした大変さやつらさこそあくまで瞬間的なものであり、子育てはその瞬間的なしんどさを上回る圧倒的な幸福感、つまり最高のウェルビーイングを得ることができると、私は考えています。

そこで本書では、なぜ、子育てによって女性は、最高のキャリアとウェルビーイングを得られるのかについて、お話ししていきたいと思います。

理想とする生き方や幸福というのは、一人ひとりによって大きく異なります。本書によって、女性は子育てを通して最高のキャリアとウェルビーイングを得られるということを知っていただき、女性のみなさんが心から満足できる「自分なりの生き方」やウェルビーイングを得るための一助となるのなら、著者として望外の喜びです。

目次

2章 子育てが与えてくれる7つのキャリア

3章 子育てが最高のウェルビーイングをもたらしてくれる理由

4章

4つのステージに大切なセルフイノベーション

1章

子育てに対する誤解とは？

女性の4人にひとりは「子どもを持たない」

最近は、結婚や子どもを望まない女性が増えています。

ある調査によると、「一生結婚したくない」という女性は14・6パーセント（2021年）で、5年前の8パーセントから大きく増えました。また、同様に「子どもを持たない」ことを選ぶ女性も増えています。

50歳の段階で子どもを持たない人の割合を「生涯無子率」といいますが、日本の女性の生涯無子率は27・0パーセント（2021年）。これは先進国のなかで最も高い水準です。

つまり、**女性が4人いれば、そのうちのひとりは生涯「子どもを持たない」**わけです。

私は近年の深刻な少子化を懸念していますが、そもそも**なぜ、結婚したくな**

世界各国の生涯無子率の推移を見ると？

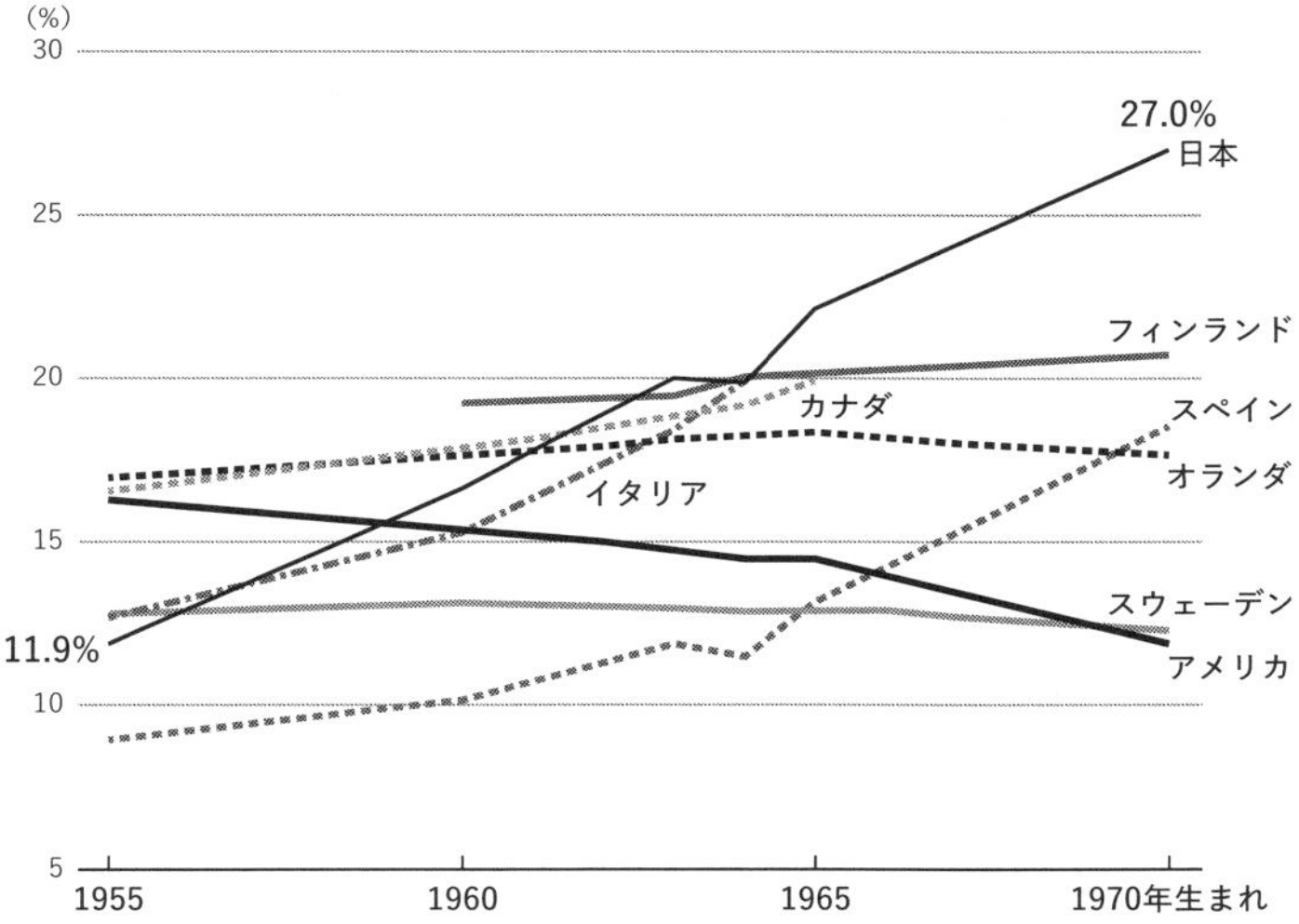

OECDによる統計をもとに作成

い、子どもを欲しくないという女性が増えたのでしょうか？

まずは、この点について考えてみましょう。

お金がかかるから、子育てができない？

なぜ、子どもを望まない女性が増えているのか。これについて、興味深い新聞記事がありました。

この記事によれば、2022年には出生数が80万人を切り、過去最低の数字となりましたが、「理想の数の子どもを持たない理由」を調べたところ、「高年齢で産むのは嫌だ」、「心理的・肉体的負担に耐えられない」、「自分の仕事に差し支える」などがありました。

最多だったのが、「お金がかかりすぎる」という回答です。

出生率と出生数は減りつづけている

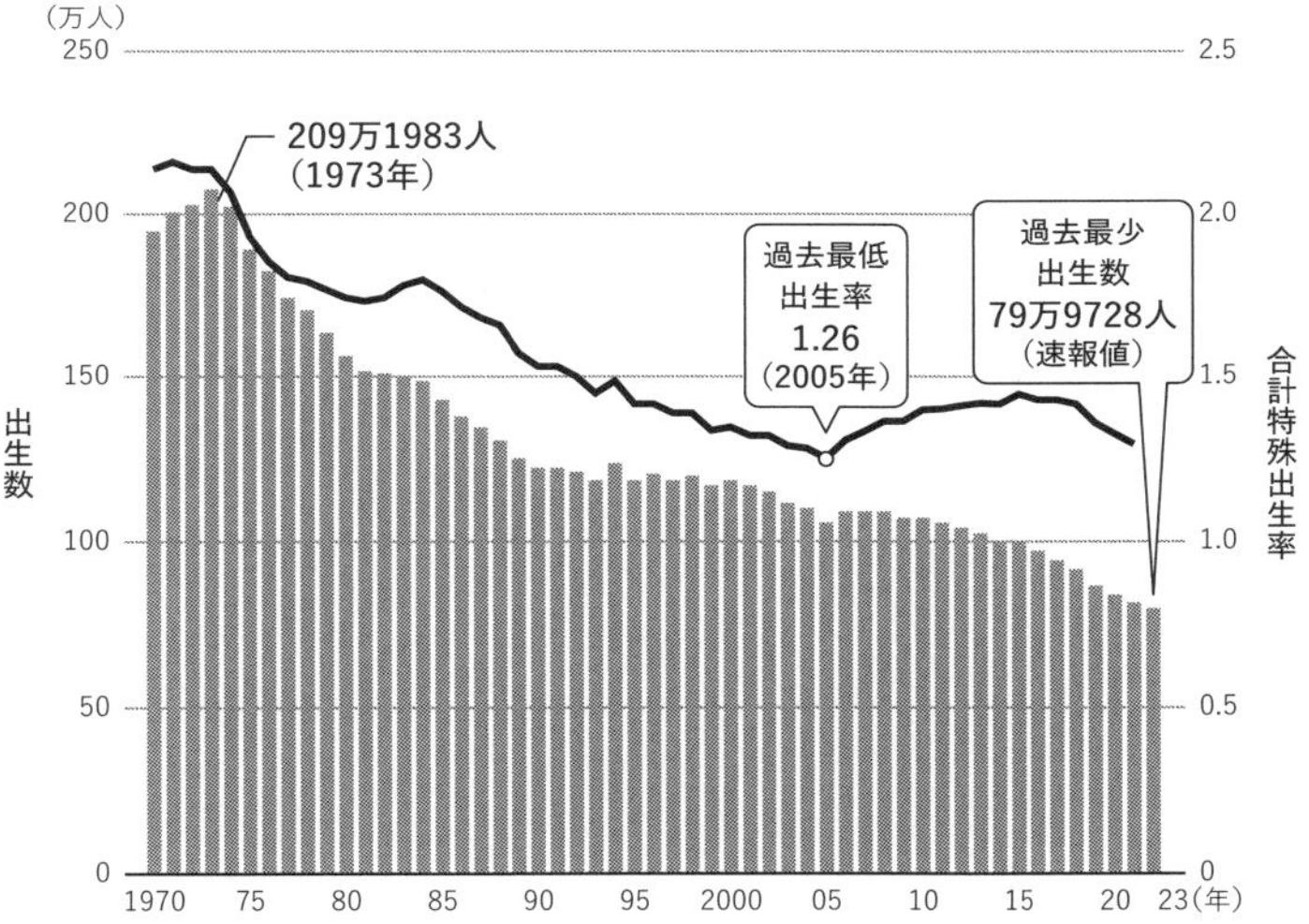

人口推移統計などをもとに作成

理想の数の子どもを持たない主な理由は？

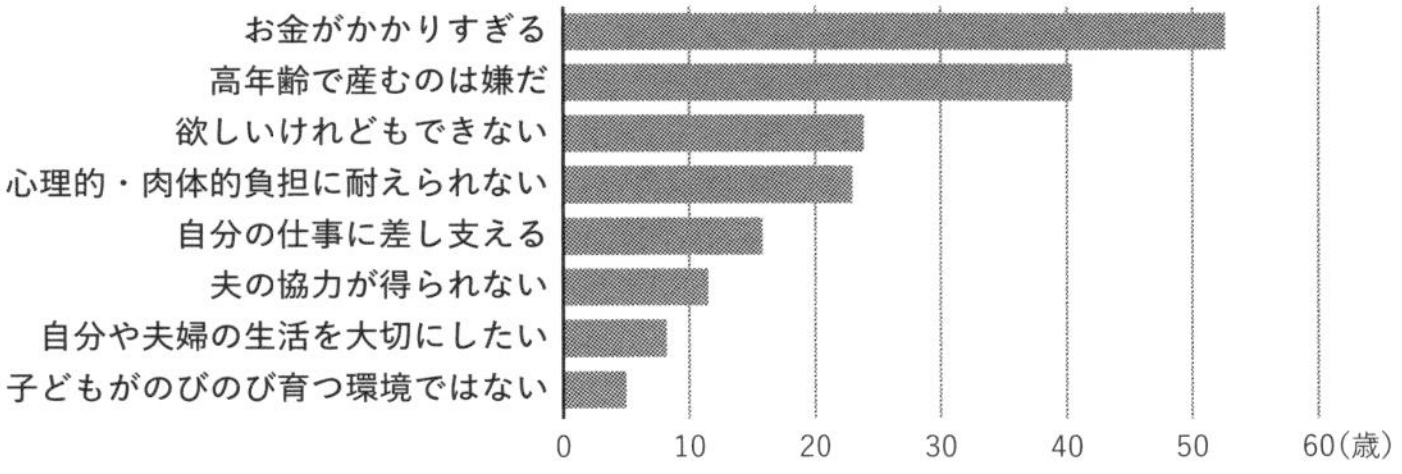

国立社会保障・人口問題研究所による資料をもとに作成

たしかに近年は、税金や社会保険料がたびたび増額されるなど、暮らしが圧迫されています。

ここで考えていただきたいのが、**「お金をかけなければ幸せになれないのか？」**ということです。

もちろん、「子育て＝お金がかかる」というのは、ひとつの事実です。現在の子育てにはたくさんの選択肢があり、学校は公立にするか私立にするか、どんな習い事をさせるか、休日にどこに行くかなど、お金をかければそれだけ選択肢は増えます。

「選択肢が多いほうが、子どもを幸せに育てられるのでは？」と考えているかもしれませんが、私は、**お金をかけなくても幸福な子育てができる**と考えています。

たとえば、子どもと出かける場所が、高額なところである必要はありません。考えてみてください。毎週末にディズニーランドに行っている子どもと、毎週末近所の公園に行っている子どもとで、幸福度は変わるでしょうか？

子どもが幸福を感じるかどうかのカギとなるのは、そこでいかに楽しい時間を過ごしたか、ということです。行き先がディズニーランドであっても公園であっても、家族と笑顔で楽しく過ごしたかどうかが大切となるのです。

お金は限りのあるもので、すべての欲しいものを手に入れることはできません。

子育てのことに限らず、私たちは限られた手持ちのお金の中で、どこにお金を使うか、何を我慢するかを考える必要があります。

そうすれば、**たとえ経済的な制約があっても、真剣に悩み考え抜くことで、子どもを幸福に育てることができます。**

だから、**「お金をかけなければ子育てはできない」というのは思い込みにすぎない**なのです。

「みんな結婚する時代」の終わり

かつての女性は、学校を出たらすぐに結婚し、出産して母親になる、というのが定番のコースでした。あるいは、学校を出て何年か勤めたのちに、やはり結婚・出産して家庭に入るコース。いわば、女性の生き方はある程度決まっていたわけです。

実際、1980年代までの日本は、ほとんどの人が結婚していました。当時の女性にとって、結婚は「就職」のような位置づけで、「結婚しない」という選択肢はほぼありませんでした。

「男性は稼ぐ、女性は家庭を守る」という役割分担が当たり前。**女性は人生のレールが定められていて、「自分の幸せとは何か?」を考えずとも幸せを得ることができた時代**といえます。

当時は、「お見合い」という形式の結婚も多くありました。個人の「結婚した

「結婚する気のない独身女性」の増加

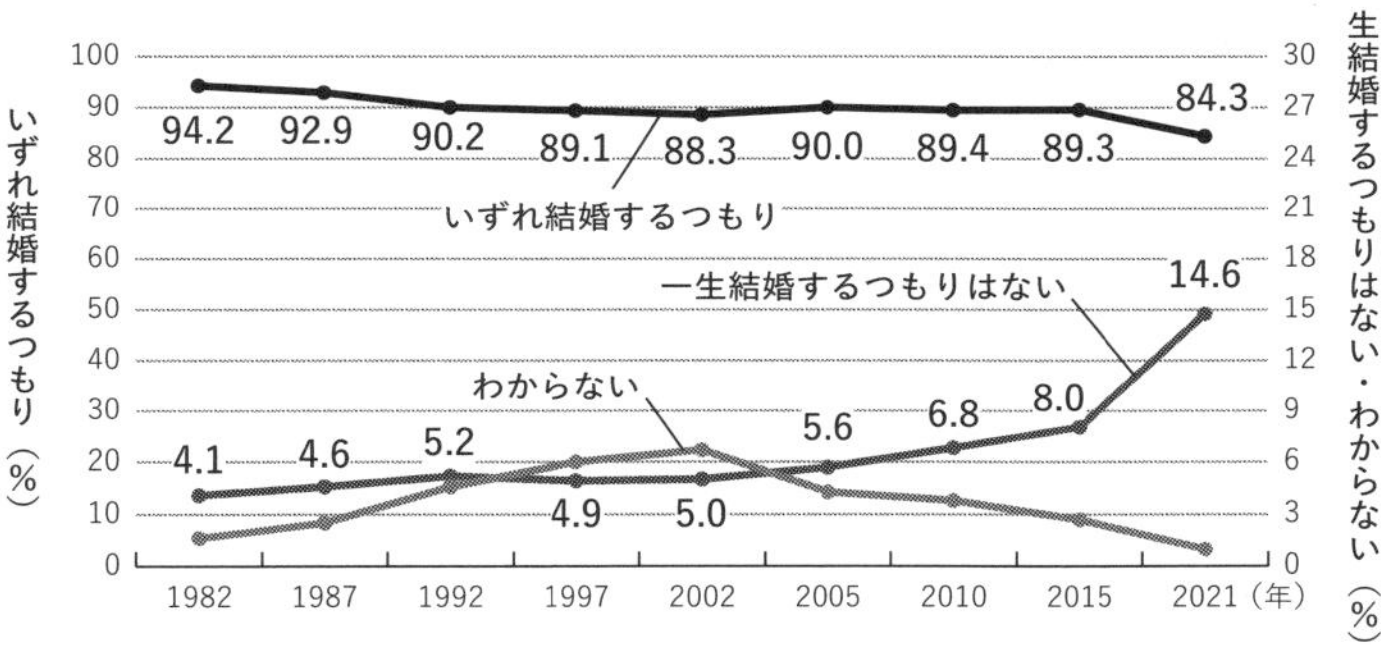

（注）対象者は未婚者（18 ～ 34歳）
社会保障・人口問題研究所「出生動向基本調査（独身者調査）」をもとに作成

い」あるいは「恋愛したい」という感情面よりも、「結婚は必ずするもの」という社会の強制的な仕組みが働いていたわけですね。

このように「全員が結婚する時代」というのは、現代の女性からすれば異様に思えるかもしれません。

むしろ現代は、「結婚したいのにできない」という悩みを持つ女性が多い時代です。

近年では、結婚できない男女のためにマッチングアプリなどのさまざまなサービスが登場し、あるいは「おひとりさま」という「未婚の男女」を肯定するような言葉も生まれました。
こうした変化は、「結婚できない男女」が増えたことを象徴しています。

ドラマから「家族の食卓」が消えたのはなぜ？

それでいえば、最近のテレビドラマは、かつて多かったホームドラマが激減したように感じています。

私は若いときに、両親と子ども、祖父母世代が同居する「家族」の人間模様が描かれたドラマをよく見た記憶がありますが、最近の主流は恋愛模様を描くドラマが多く、作品の主人公の大半が独身。「大家族の中の主人公」よりも、「おひとりさまの主人公」に、現代の視聴者は共感するのかもしれません。
ホームドラマでは、家族が食卓を囲む光景が当たり前でした。家庭には会話と笑顔があふれ、それを見て育った私自身、「家族の幸せのあり方はこうである」と、無意識のうちに植え付けられていったように思います。

最近のドラマを見ると、父親が仕事のために不在だったり、家族がバラバラに食事をとったりという場面が多いようです。

これは、**現代の家族が個人主義の傾向にあり、実生活で家族そろってごはんを食べる機会が少なくなっているということを、わかりやすく表している**ように思います。

父親も母親も働いていて、いつも慌ただしい。そんな姿を見て過ごしてきた子どもたちは、「家族が一緒に過ごす幸せ」を感じずに成長するのではないでしょうか。

「家族っていいいな」と感じる機会のない子どもが大人になったときに、「結婚したい」という気持ちを持たないのは、ある意味で当然だといえます。

これは逆にいえば、**もしも自分の両親が幸せそうであれば、子どもは「両親**

のように結婚して家庭を持ちたい」という気持ちを自然と抱くはずだということです。

母親が兼業主婦であれ、専業主婦であれ、幸せそうに生き生きと過ごしていること。そうすれば、その子どもは母親のような生活を送りたい、と考え、結婚に対して前向きな感情を抱くことになるでしょう。

そう考えると、**母親世代が子ども、特に娘に子どもを持つことの幸福感をもっと積極的に伝えることで、「結婚したがらない女性」を減らすことにつながるかもしれません。**

自立に揺れ惑う女性たち

近年は深刻な社会危機が頻発し、それも女性の生き方が揺れる理由となっています。

たとえば、２０１９年には「老後２０００万円問題」が起こり、多くの人が将来に対する不安を感じるようになりました。

これによって、「女性も自立して、死ぬまで生計を立てていかなければならない」「老後の生活が苦しくならないよう、しっかり働いたり投資したりして備えなければならない」という意識が高まっていったように思います。

また、２０１９年から政府が掲げた「働き方改革」では、「女性の活躍推進」がひとつの目玉とされています。

女性の能力の高さが認められ、女性への期待が増したことは喜ばしいことですが、先の将来不安の増加と相俟って、「一生働かなければならない」「結婚して子どもを育てるよりも、自活するほうが重要」と考える女性を増やしたのではないでしょうか。

そして２０２０年にはコロナショックが起こり、社会不安を激増させることになりました。

このときは、女性が多く働くサービス業などが強い影響を受けたこともあり、一部では「女性不況（シーセッション：She-Cession）」とも呼ばれていますが、このことも女性が生き方に迷う大きな要因になっているように感じています。

こうして見ると、**社会全体が「これからの時代、女性は自活しなければならない」という強い圧力をかけているように感じられます。**

女性がビジネス現場に進出したけれど……

ここでもう少し、女性の生き方の変遷について考えてみましょう。

先に述べたとおり、かつての女性が描く人生設計は非常にシンプルでしたが、1960年代から1990年代半ばまでの女性の主な進学先は短大で、短大卒で入社した女性が、その会社の男性社員と結婚して寿退社するのが定番コース

女性の大学・短大進学率の推移

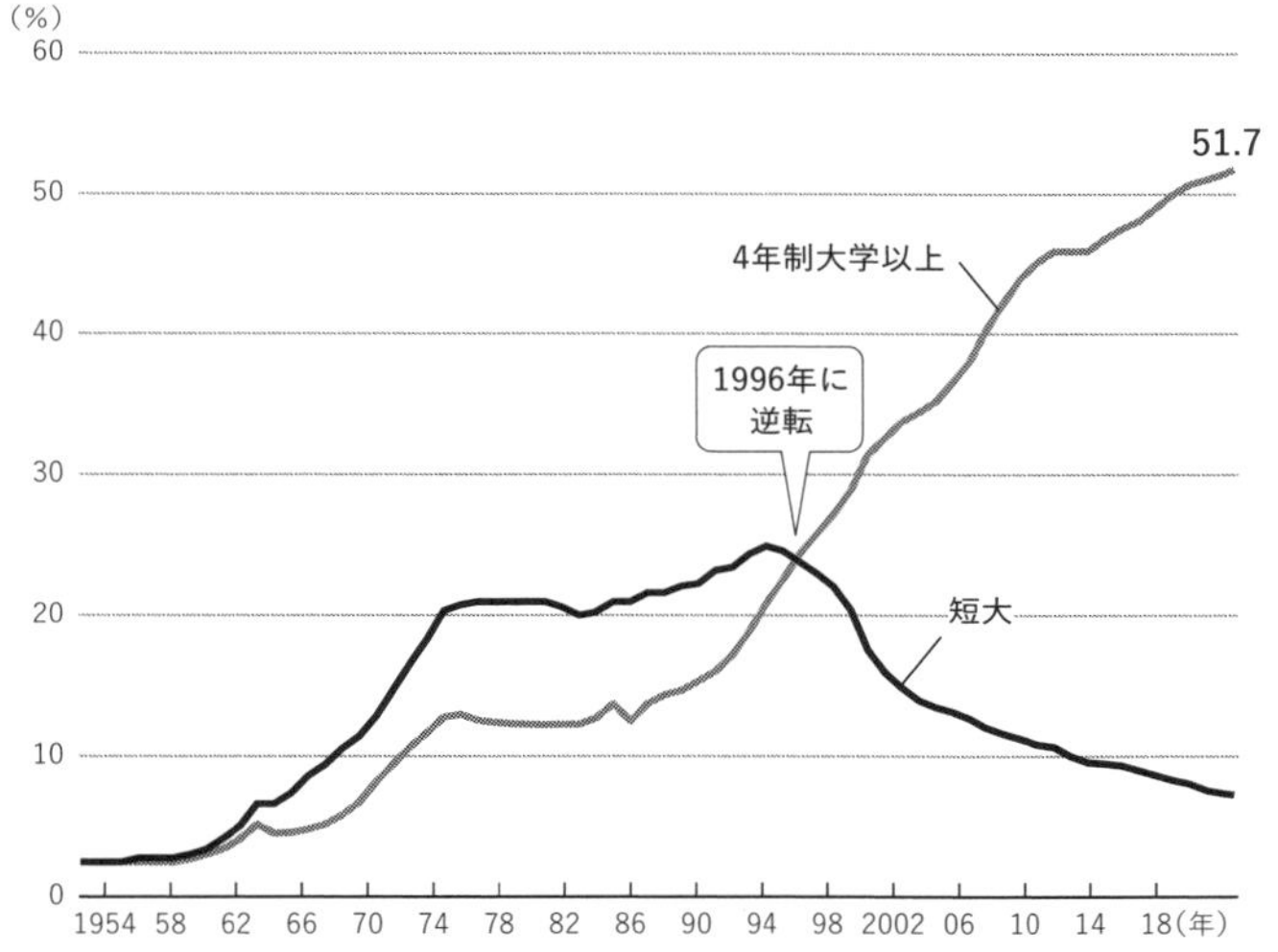

文部科学省「学校基本調査」をもとに作成

となっていました。

しかし、その後女性の大学への進学率は年々上昇し、1996年に短大を超え、それ以降その差は開きつづけています。

現代では、短大あるいは大学を出て就職し、「数年後に結婚して寿退社したい」と考える人は少数派。「結婚後も働きつづけてキャリアを築きたい」「出産・育児を経験してもいずれ現場に復帰したい」と考える人が多数派です。


こうして、女性がビジネスの場に進出するようになりましたが、それでもビジネスの現場ではいまだに男女間の格差があります。

その大きな理由が、女性には結婚・出産・育児という大きなイベントが発生するからです。

なかでも出産がもたらす影響は大きく、出産すれば、女性は産前・産後休業や育児休業で現場を一定期間離れることになります。
この「ブランク」があることで、出産・育児を「キャリアパスを阻害する壁」

と捉えている女性も多いでしょう。

仕事や自活の必要性を感じながらも、出産や育児が大きな壁となってしまう。こうしたジレンマを抱える女性のなかには、結婚しても、あえて「子どもを持たない」という選択をする人も増えています。

近年では、「ＤＩＮＫｓ（＝Double Income No Kids）」という言葉も一般的になりました。１９８０年代頃からアメリカで生まれた概念で、「Double Income No Kids＝共働きで子どもを意識的につくらない夫婦」を意味する言葉です。この言葉の広まりからも、「子どもを持たない」という夫婦が増えていることがわかります。

少子化を解決するには？

ここで、家族経済学者の吉田千尋さんの興味深い言葉を引用しましょう。

「国の対策は金銭的支援が中心。結婚し子どもを持つことを幸福と感じること
が、長期的包括的対策として必要」

2023年3月28日付日本経済新聞より

つまり、子どもを育てるための金銭的支援も必要ですが、**それ以上に大切なのは、各人が結婚や出産、子育てから「幸福感を得られること」という点**です。

これには私もまったく同感ですが、これを叶える仕組みをつくることが、何よりも求められているのではないでしょうか。

そもそも、子どもを持たない人や望まない人が増えているとはいえ、そうした人は少数派。子どもを持つ人が多数派なのです。

しかし今は、「子どもを持たない」という少数派の意見のほうが大きく扱われ、子どもを持つ人が声を大にして「子どもを持つことの幸福」を主張すると、「子どもを持たない人への配慮に欠けている」と非難されがちです。

けれども、**より多くの人が子育てを選択する流れをつくるには、子育てによる幸福をもっと多くの人に知ってもらうことが大切**だと私は考えています。

出生数や「子どもを望む人」を増やすには、子育ての制度を整備したり、経済的な政策を打ち出したりするよりも、子どもを持つことで得られるかけがえのない幸福感を取り上げること。

そして実際に、子育ては、女性に最高のウェルビーイングをもたらしてくれるものだと私は考えています。

子育てによってキャリアが阻まれる現実

現代の多くの女性にとっては、「仕事でバリバリとキャリアを築く」という生き方はとても華やかに見えるかもしれません。

実際、仕事を持つ女性を対象にしたある調査によれば、「今後、バリバリとキャリアを積んでいきたいか」という質問に対し、「そう思う」という回答者は全体の約35パーセント。特に20代、30代の女性がこの問いに肯定的でしたが、20代や30代はまさに結婚や出産、子育てのタイミングでもあります。

つまり、**キャリア構築意欲の高まりが、結婚や子育てに前向きになれない理由となっている**ことがうかがえます。

20代30代は、「こんな仕事がしたい」「こんな経験を積みたい」といったように、拓かれた可能性を持って自分のキャリアパスを自由に思い描ける時期です。

しかし、結婚・出産・育児という大きなイベントは、それまでの働き方や描

今後、バリバリとキャリアを積んでいきたいか？

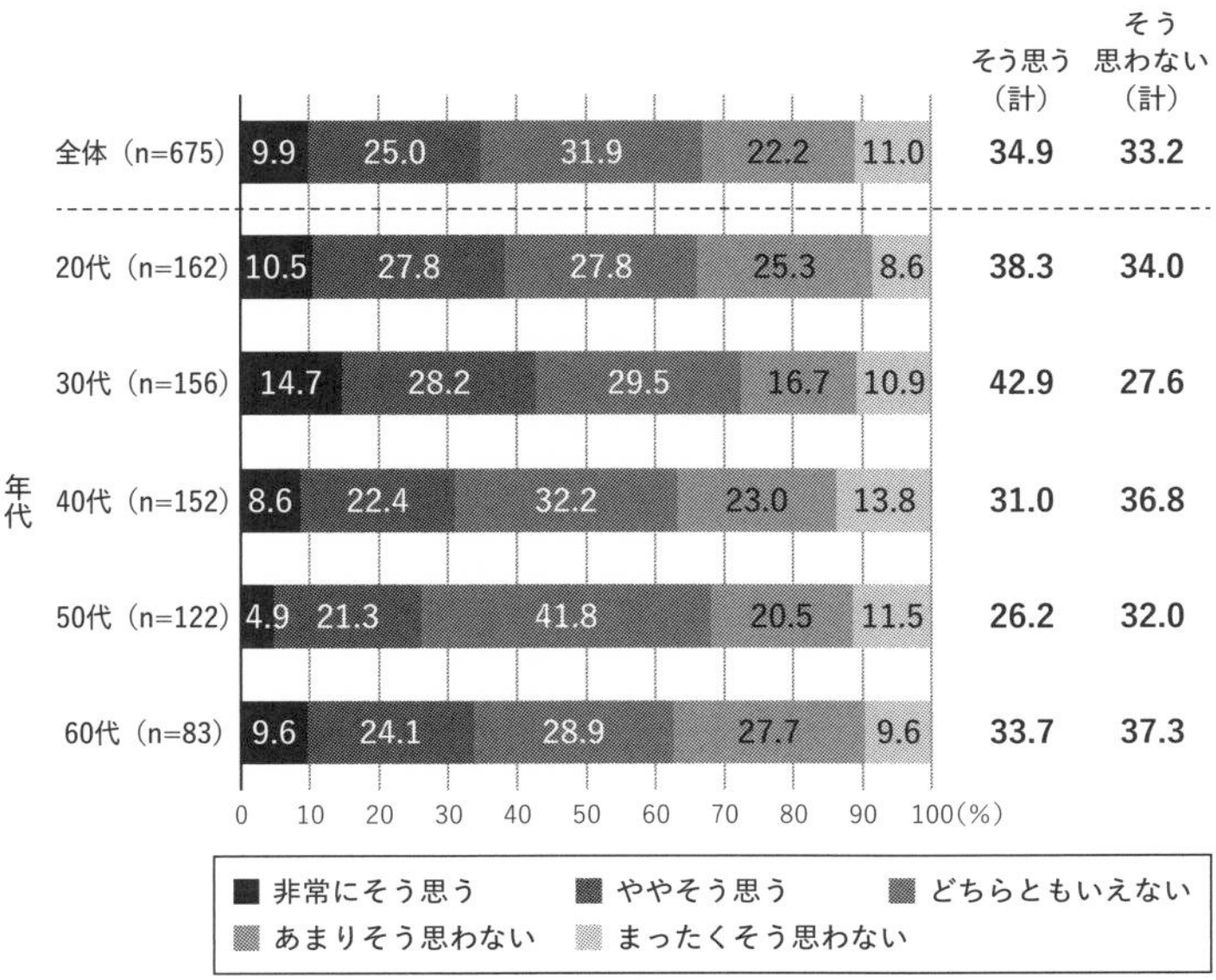

ソニー生命保険株式会社「女性の活躍に関する意識調査2022」をもとに作成

いたビジョンを変えることになり、キャリアの見直しを迫られることになります。

育児休業を終えて復職しても、休業前と同じ業務や職位には戻れなくなるかもしれない。あるいは、望まない異動や配置転換、勤務時間の変更などを余儀なくされるかもしれません。

こうした変化から、仕事に対するやりがいを失い、育児休業を機に転職を考えるという人もいるかもしれません。そして残念ながら、ブランクが長ければ長いほど、再就職へのハードルは高くなり、選べる仕事もどんどん制限されていきます。

このように、出産や育児を経験した女性は、ビジネスで働く場が制限されてしまうというのが厳しい現実。キャリア志向の女性が出産や子育てに「負のイメージ」を抱くのも、仕方がないのかもしれません。

子育ての「つらさ」の裏にあるもの

また、メディアでは、子育ての大変さがやたらと強調されています。

わかりやすい例が、「ワンオペ育児＝育児をひとりだけでこなすこと」という言葉です。ＳＮＳでは多くの女性が、ワンオペ育児のつらさを嘆いています。

これは、「男性も育児に参加しよう」という大きな流れがあっても、実態が伴っていないことに対する批判といえますが、女性が専業主婦として育児に専念できた時代とは違って、現代の女性は結婚後、仕事と育児という二足のわらじを履くケースがほとんどです。

男性の育児参加も進んではいますが、夫がどんなに協力的であっても、育児における女性の負担はとても大きいものです。

しかし、**「子育ての大変さ」の裏には、「かけがえのない喜び」があることも**

また事実です。

子どもの笑顔や喜びは、親にとっては最高の「ごほうび」となります。たとえば、どんなに疲れていても、子どもがすやすやと寝ている姿を見るだけで疲れは吹き飛び、「明日も頑張ろう」という気持ちが自然と生まれてきます。

子どもが喜んだり幸せな瞬間を過ごしたりしているのを見れば心は安らぎますし、子どもの成長を感じるたびに、心が満たされる感覚を味わうことができます。

たしかに子育てには、苦労やストレスがついてまわりますから、「子育てはつらい」という面もあります。

しかし、**その苦労やストレスを払拭してくれる、圧倒的な幸福感をもたらしてくれることも、どんどん発信されるべきではないでしょうか。**

「子育て中の女性」は社会的弱者？

私は、子育て中の女性をまるで「社会的弱者」のように捉えるふしが見られるように思い、懸念しています。

韓国ドラマに『椿の花咲く頃』という作品があります。

ある村に引っ越してきた、小学生の子どもを育てるシングルマザーが、閉鎖的な村の中で成長していくさまを描いた物語で、最初のうちは村の人たちはこの親子に対して偏見を持っていました。それがしだいに、このシングルマザーと子どもを村全体で守っていこうという姿勢に変わり、緩やかなコミュニティが形成されていくのです。

ドラマのなかで印象的だったのが、村人たちの姿勢が変に同情的ではなかったこと。つまり**「弱者をみんなで支援していこう」という雰囲気ではなかった**

ことです。

私はこのように、社会全体が「子どもを育てる」ということをもっと普通の目で見てもいいのではないか、と考えています。

もちろん、社会として子育て中の女性をさまざまな制度で支援する必要はありますが、それは**「かわいそうだから」ではなく「当たり前のことだから」という意識が大切**です。

「子育て中の女性は、さまざまな制限があってかわいそうだから、仕組みから支えてあげよう」という同情心から発するものであってはならないのです。

いつの時代も、幸せを得るためには積極的な姿勢が不可欠

かつての女性は「嫁」「妻」「母」として生きることを強いられ、自分の意思

よりも「家での役割」を重視しなければなりませんでした。そのため生きにくさを抱えている人も数多くいました。

働きながら自立する女性もいましたが、男性中心のビジネス環境では、我慢しなければならない場面もあったでしょう。現代の女性が直面する難しさは、昔とは大きく異なっています。

かつて女性は、「制約された世界」に生きていましたが、現代の女性にはそのような束縛はありません。結婚するかしないか、子どもを産むか産まないか、仕事をするかしないかなど、自分の生き方を自由に選ぶことができます。

女性を取り巻く環境は自由で豊かになったように見えますが、実際は選択肢が増えすぎているため、幸せを得ることが難しくなっているように感じます。

このような時代の違いはありますが、私は**どの時代であっても、幸せを得るためには積極的な姿勢や意思が必要**だと考えています。

これは女性だけに限った話ではありません。人間はみな、生きることに悩み、考え抜いて挑戦を続けなければならないものであり、その過程で幸福を見出せるのだと思います。

現代の女性でいえば、**さまざまな選択肢から自分に合った幸せを真剣に追求することで、結果として幸福を手にできる**のではないでしょうか。

選ぶこと、つまり決断することは時に大変なものであり、環境の変化によって苦労が生じることもあるかもしれません。

しかし、自分自身がどの道を選ぶかを決めずに生きることは、ラクな選択ではありますが、幸福につながるとは限らないのです。

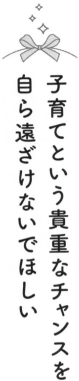

子育てという貴重なチャンスを自ら遠ざけないでほしい

本章では、現代に生きる女性の傾向や生きづらさについて私なりの考えをお話ししましたが、次章からは私自身の経験も交えながら、子育ては女性に何をもたらしてくれるのかについてお話ししていきます。

本章の最後にあらためてお伝えしたいのが、**子育てという期間をネガティブな目で捉えないでほしい、そして子育て期間が女性を大きく成長させることを知ってほしい**ということです。

もちろん私としては、子育てをしないという選択をした方を否定するつもりはまったくありません。ただ、その決断がはたして自分の考えに基づくものなのか、あらためて考えていただきたいと思います。

社会の傾向やメディアの情報に流されて、「子育ては大変だろう」「自分にはできないだろう」「キャリアの邪魔になるだろう」と根拠なく思い込み、子育てという貴重なチャンスを自ら遠ざけないでほしいのです。

あなたの人生の主人公はあなたです。

決めるのはあなた自身です。

そのためにも次章からは、子育てが女性に与えてくれるものについて、より掘り下げて具体的にお話ししていきましょう。

2章

子育てが与えてくれる7つのキャリア

子育て期間は、「ブランク＝空白の期間」ではない

2章では、子育てがもたらしてくれる**「最高のキャリア」**についてお話ししたいと思います。

まず考えていただきたいのが、育児休業中の期間に対し、しばしば「ブランク（空白、空欄）」という表現が使われることです。

私は、この考え方に大いに疑問を抱いています。

育児には、多様な能力が求められます。

それは一般的なビジネスの現場では養えないスキルばかりで、さらに相手は理屈が通じない子どもですから、根気も必要となります。

つまり**子育て期間は、女性が通常のビジネスシーンでは養えない、しかしたしかに必要な能力を伸ばすことができる、とても貴重な期間**なのです。

そのような期間を「ブランク＝空白」という言葉で表現するのは、まるで育児休業中の期間を「何もしていなかった期間」と見ているようで、この点に大きな違和感を覚えます。

女性は、子育ての期間にほとんど初めての経験を積み重ねながら、さまざまな能力を養うことができます。

たとえば、女性は出産によって「母」という初めての立場になり、子どもという未知の相手に向き合うことで、潜在的な能力が引き出されます。そして子どもを育てる過程で新たに求められる能力を伸ばし……といったように、そうした経験がすべて「自分のかけがえのない能力」につながるのです。

子育て期間を経た女性は、圧倒的な強さや力を備えることができる、私はそう信じていますが、これについて、これから詳しくお話ししましょう。

子育ての経験はビジネスに活きる

私は24歳のときに長男を産みましたが、実は「子どもが欲しい」という気持ちがそれほど強かったわけではありません。けれども実際に子育てが始まると、それまでに感じたことのなかった母性本能が湧き出すのを感じました。「この子を守りたい、守ってあげたい」という強い気持ちは、それまでの人生では感じたことがなく、子どもを産まなければ生涯知ることのなかった気持ちだろうと思います。

とはいえ、初めての育児ですから大変なことばかりで、抱っこにせよ授乳にせよ、やり方がまったくわかりませんでした。それまで経験したことのないことが一気に襲いかかってきて、そのたびに右往左往しました。

これが仕事であれば、誰かを頼ったり任せたり、さらには逃げたりすることもできるでしょう。しかし自分の子どものことですから、そうはいきません。**わからないことは周囲に積極的に聞いたり調べたり実際に試したりしながら、一つひとつ解決していくしかない**のです。

その後、さらにふたりの子どもを産み、長い間、子育てに向き合うことになりました。

子どもたちがさまざまな問題に直面するたびに、問題解決に向けて動きます。子どもが病気になれば、自分の命に代えてもこの子の命を守りたいと必死で看病し、子どもが生き方に悩んでいるときは、寄り添い、解決のための行動を起こす。

こうした経験を経て、私はさまざまな求められる能力を身につけていったのです。

51歳になって、私は初めて働くことになりました。子育てしかしていなかった自分が、社会に出てやっていけるのだろうか。そんな不安に押しつぶされそうでしたが、実際にビジネスの場に出てみると、子育て期間の体験がさまざまに活かせることがわかりました。

私は、子育てを通じて自然とキャリアアップしていたのです。

現代の女性には、人生を自由に選択できるため、自分の価値を高めていくチャンスがたくさんあります。

自分の人生をどう計画し、幸福に生きるために自己の価値をいかに高めていくか。これは多くの女性が悩むテーマではありますが、それは決して難しいことではありません。

ここで重要なのは、**「価値の高め方」を見誤らないでほしい、**ということです。

価値を高める方法はさまざまで、ビジネスの現場で学んだり、独力で勉強したりという手もあるでしょう。しかし総合的に見て、**「子育てでキャリアアップする」**ということには敵わないと思います。

子育ては、AIでもできないクリエイティブな仕事

1章で述べたとおり、一般的には、子育てはキャリア面にマイナスの影響を与えるものと捉えられています。

しかし実は、子育てはさまざまな能力を育む機会であり、その能力はのちにビジネスの現場で活かすことができるのです。

女性が行なう家事は実に多岐にわたり、常に最適な判断が求められますが、家事のさまざまな技術も必要で、家計の管理も重要な役割です。

それは、**会社で上司の指示を受けてただタスクをこなすよりも、はるかにクリエイティブな仕事**といえるでしょう。

今や社会の至るところでAIが活用されていますが、**子育ては、とてもAIにできる仕事ではありません。**

向き合う子どもにひとりとして同じ子どもはいませんし、予測不可能な状況に日々対処することとなります。

それはＡＩの知能をはるかに超えた創造性が求められる仕事で、そう考えると、**子育て中の女性はＡＩに対処できないほど難しい問題に日々対処している、**といえます。

たとえば、乳幼児を育てる時期を例に挙げれば、数時間おきの授乳や離乳食の準備、おむつの交換、子どもと遊び、寝かしつけ……といったように、文字通り気が休まる暇もないほど「仕事」が出現します。

その合間には洗濯や家の片づけ・掃除など、家事も行なわなければなりません。保育園や幼稚園、学校に通うようになると、先生や他の親とのコミュニケーションも発生します。

いわば**母親となった女性は、ビジネス現場よりもハードな環境で、忍耐力やコミュニケーション能力などさまざまな能力や資質を伸ばしていくことになる**のです。

子育てから獲得できる7つのキャリアとは？

ここで、子育てで得られる能力について、具体的に見ていきましょう。

①マネジメント能力

子育ての場面において、**女性は自己の利益を超えて他者のために行動し、守っていく本能が発揮されます。**真剣に子どもの幸福を考え、「家庭」という小さいですがれっきとした組織をマネジメントすることになります。

私自身、会社で部下や組織をマネジメントした経験がありますが、子育てにおけるマネジメント経験が活きたことを感じています。ただし、その本気度はまったく違いますので、会社のマネジメントは気が楽でした。部下は他人であり、「会社」という限られた時間と空間での関係ですから、マネジメントには制約があるからです。

一方で、母親と子どもの関係性は非常に強く、マネジメントに制約や限界はありません。自分しかやれる人はいないのです。

全身全霊で、未発達な子どもと向き合ってマネジメントするには、根気や「あきらめない力」も必要で、人に頼ることもできないのです。

この**マネジメント能力は、子どもの数が多ければ多いほど伸びていく**ことになります。

兄弟姉妹でも一人ひとり違う人間ですから、それぞれの強みをどう伸ばしていくか、それぞれの「望むこと」をどう叶えていくか、いわば「家庭」という組織に属するメンバーをどう活かしていくか、という視点が必要です。

近年はひとりっ子の家庭も増えていますが、私は、子どもの数が増えるほど幸福感が増え、自分の能力も向上すると考えています。

もちろん、それに伴って「大変さ」も増えますが、それ以上に得るもののほうが大きいのです。

子どもの数が多いと、人間関係も多様になるという点もあります。たとえば、長男はサッカーが好き、長女はピアノが好き、次男は本が好きといった場合、母親はそれぞれの子どもや周囲の人々と関わり、多様な体験をすることになるでしょう。こうして、母親自身の世界も広がっていくのです。

マネジメント力は、子育て中のコミュニティでも養われます。

私はPTAの地区委員長になったことがありますが、地区委員長の大きな仕事は、地区懇談会の企画運営です。この懇談会では、地域の教育関係者やPTA会員が参加し、中学生の夏休みについて学び、考える場を提供します。

通常は、専門家が1時間ほど話をして質疑応答を行なう形式をとるのですが、私は「普通に開催するのではおもしろくない」と考え、どうすれば盛り上がるか、参加型のイベントにできないかと考え、役員の役割分担や準備作業、当日の段取りなどを緻密に計画しました。

当日は、参加者（教員、役員、保護者など）を3つのグループに分け、セミナー後に「講師の話の感想」と「夏休みをどう過ごしたらいいか」というテーマで話し合ってもらい、各グループが話し合った結果を発表しました。結果は大成功で、「これまでで最も有意義な懇談会だった」という感想もいただきました。専業主婦だった私にとって、育児経験しか持たなくとも自分のスキルは活かせるということを実感でき、大きな励みとなった経験です。

このように、子育て中に培ったマネジメント力は、ほかの場でも活かすことができます。私の場合は、その後のビジネスでのマネジメントに、自分でも驚くほどはまりました。2014年にその実績を記録した書籍『ブレークスルー』を執筆したので、ぜひあわせてお読みいただければと思います。

②コミュニケーション能力

子育てでは、子どもとのコミュニケーションが不可欠です。幼いうちは特に言葉や表現力が限られているため、子どもの気持ちや意図を読み取り、適切に対応するためのコミュニケーション能力が、女性に求められることになります。

子どものサインや非言語的なコミュニケーションに敏感になることで、コ

ミュニケーション能力が自然と向上します。

私は仕事をするようになってから、社員とすれ違っただけで、「あれ、仕事で何かストレスを感じているのかな」といったことを鋭敏に感じるようになりました。これは子育て中に非言語的なコミュニケーションが養われたからだと感じています。

また、子育てには家族全体の協力が必要ですから、そのつどパートナーやほかの家族とのコミュニケーションを通じて、意思疎通や協調を図らなければなりません。適切な情報共有や意見の交換によって、家族との連携を円滑にし、コミュニケーション能力を高めていきます。

先に述べたように、子育てでは、学校やさまざまなコミュニティとの関わり、情報を共有する機会が自然と増えます。たとえば、親子グループ、ＰＴＡ、子どもの習い事など、これらの場でほかの親や関係者と交流し、情報や意見を交換します。

そこには、さまざまな属性の人がいます。普段関わらない人と関わることで、コミュニケーションスキルが磨かれていくのです。

私はもともと対人関係が不得手で、心地よい人、気の合う人としかコミュニケーションがとれない性質でした。しかし、子育て中は自分の好き嫌いを超越して、さまざまな人と交流したため、コミュニケーション能力が向上したのだと思います。

③問題解決能力

子育て中はさまざまな問題や課題が常に発生します。

たとえば、**子どもの健康管理や教育、日常生活の調整など、さまざまな局面で問題解決が必要**となります。これによって、実践的な問題解決能力を養うことができます。

その際に大切なのが、**柔軟性**と**創造性**です。子育て中は常に、予測不可能な状況や突発的な変化に対応する必要がありますから、ときには予定通りにいかないこともあるでしょう。

そんなときには柔軟性や創造性を発揮して、たとえば、予定外のイベントや子どもの特殊なニーズに対応するために、新たな解決策を考え出す必要があります。

子育ては、大きな責任を伴うものです。自分で判断して実行し、その結果を受け入れなくてはなりません。

つまり、**大きな責任感を持って問題解決に向けて行動することになります**が、子どもの成長や困難に対する不安やストレスなど、さまざまな感情を抱えることもあります。それでも、どんなときでも自身の感情を制御し、冷静な判断を下さなければなりません。

こうして女性は、**ビジネス現場よりはるかにシビアな状況で、問題解決能力を養っていくことになる**のです。

私は3人の子どもを育てながら、子どもたちが直面する問題に真摯に向かい合い、子どもにとって最良と思われる方法で、問題解決を行なってきました。

こうした経験から、のちにビジネスの現場でどのような問題に直面しても、慌てず解決のための対処をすることができたのです。

ビジネスの現場では「それは無理」と言われると、あっさり終わりにしてしまうケースがあります。ですが、子育てを通じて、「無理」と言われても、すぐにはあきらめない柔軟性が身についていたようです。「無理」と言われても、「はい、わかりました」「では、こうしましょう」という解決策が自然に湧くようになっていたのです。

実際、**ビジネス現場で起こる問題を解決するのは、相手は「理屈が通じる大人」ですから、「理屈のわからない未成熟な子ども」を相手にした問題よりも、対処しやすい**ように思います。

④時間管理能力

子育ては、時間管理がとても重要です。限られた時間の中で、最も効果的な方法で子どもの世話をしなければなりません。

子育てでは、日々とても多くのタスクが発生します。たとえば、食事の準備、家事、子どもの世話などを、限られた時間内で効率的にこなす必要があります。

このような状況において、**子育て中の女性は無意識的にタスクの効率化や効果的なスケジュール管理の方法を模索し、時間管理能力が高まっていきます。**

さらに、子育て中の女性は、予測不能な出来事や変化に常に対応する必要があります。

予測し得る範囲での問題やトラブルを予防するための対策を講じることで、時間の浪費を防ぎます。

こうした**予測と予防の能力は、時間の効果的な管理につながっていきます。**

子育てでは、予定通りに進まないことがよくありますが、突発的なアクシデントや子どもの心や体の変化に応じるために、柔軟に時間を調整し、臨機応変に対応しなければなりません。

また、子どもの成長のことを常に考えていると、その子にとって何が本当に重要であるか」を見極める習慣が身についていきます。すると**時間の使い方においても、「本質的に重要な活動」に集中するようになります。**

いわば、**優先事項を明確にすることで時間の浪費を避け、効率的な時間管理が可能となる**わけです。

こうしたことから、子育てを経験する人は時間管理能力を向上させることができると私は考えています。実際に子育てをしながら働いている女性を見ると、そのことを痛感しますし、子育てを経て入社した社員を見ていると、子育て経験のない社員に比べて時間管理能力は数倍高いことがわかります。

私の話でいえば、子育て中は「To Do リスト」を活用し、やるべき仕事に集中したという経験があります。

私は学生のときからビジネス手帳を使っているのですが、年間スケジュールを埋めてから、日々の細かいスケジュールを書き込みます。子育て中は手帳では足りずに大学ノートを使い、まずは全ページの冒頭部に「○月○日」と日付を記入して、その日の予定とやるべきことを書いていきました。

最も優先順位の高いタスクを赤で囲み、次に優先順位の高いタスクを緑で囲むなどして、そこから集中して取り組んでいました。子育て時期からビジネス的な感覚を持っていたともいえますが、この時間管理の方法は、その後ビジネス現場でも大いに活かされることになりました。

特に複数の子どもを持っていると、「この子は、この日に習い事あり」「この子は、この日に学校行事あり」といったように、予定が複雑になります。**決められた日と時間にやるべきことを完了するというのは、ビジネスにおいても当たり前のことですが、子育てを経験した女性は、日々自然とこの時間管理能力を身につけていく**のです。

⑤マルチタスク能力

子育てでは、同時に複数の仕事や役割を担うことが求められます。食事の準備をしながら子どもの面倒を見たり、家事をしながら子どもの勉強をサポートしたりするなど、複数のタスクを同時にこなす場面は多々あります。

また、子どもからの情報やニーズにも、常に対応しなければなりません。たとえば、子どもの話を聞きながら食事を作る、電話を受けながら子どもと遊ぶなど、異なる情報を同時に処理し、切り替える能力が求められます。

このような経験により、**複数の情報を効果的に処理するマルチタスク能力を身につけることができます。**

子育てには、トラブルや困難もつきものです。何かをやっているときに予期せぬトラブルが発生したら、即座に対処し解決策を見つける必要があります。複数のタスクを同時に進めるなかで、迅速なトラブルシューティングが求められることもあります。このような場面では大きなストレスを感じることもありますが、ストレスへの耐性や柔軟性を発揮しながら、複数のタスクに対処しつづけていきます。

これらの要素が組み合わさり、子育てを経験することで**「複数のタスクを迅速かつ効率的に処理する能力」**を伸ばすことができるのです。私の場合は、スタッフを役割分担し、目的を伝え、いくつもの課題を同時に処理するビジネス能力が身につきました。

⑥長期的な視野

子育てにあえてゴールを設けるならば、「子どもが自立するまで」といえるでしょうか。

「自立」の意味は広く、「社会人になるまで」とも「手がかからなくなるまで」ともとれますが、私はとりあえず「子どもが小学校を卒業するまで」と設定していいと思います。この12年が勝負ですが、俯瞰して見ればわずか12年しかないともいえます。

その子にどう育ってほしいか、そのゴールを見据えて日々の子育てを行なわなければなりません。ビジネス的にいえば、**長期的な戦略や視野が必要**となります。

そもそも子どもは、一朝一夕に成長するものではなく、長期的かつ継続的なケアや教育を行ないつづけなければなりません。

私は子育ての経験を通じて、失敗や挫折に苦しんでも、長い目で見ればさほど影響はないことを知りました。子どもが多少の怪我をしたり、ある時期、学校に行かなくなったりということがあっても、長期的なデメリットにはつながりにくいと知ったのです。

そこから視野を広げれば、ビジネスにおいても**「失敗は成長のもと」**と思えるようになりました。長期的な視野で物事を見ていく能力が身につけられたからでしょう。

⑦あきらめない心、根気強さ

子どもが成長するまで、母親は子どもの発育や発達プロセスを理解し、真摯に向き合っていくことになりますが、子どもが成長し幸福になるために、必要かつ継続的な努力を続けて将来の目標を見据えながら忍耐強く子育てに取り組むことが求められます。

特に幼いころは、子どもは自分のニーズを伝えることができませんから、辛抱強く子どもの気持ちや意図を理解し、適切なケアやサポートを提供しなければなりません。

子育てのこのような特性によって、**女性はあきらめずに取り組む根気を身に**

つけることができるのです。

子どもは理屈に合わない行動をすることも多く、母親がストレスや苛立ちを感じる場面も多くあるでしょう。

自身の感情をコントロールしながら子どもに適切な対応をしなければなりません。それを長期間やらなければならないのですから、一般的なビジネスシーンよりもはるかに過酷な状況といえます。

また、ビジネス現場では「就業時間内」と時間が決められていますが、子どものことは夜中でも何かあれば対応できるよう、常に臨戦態勢でいなければなりません。

子育て中の女性は、子どもという小さな命を守っているのですから、24時間休みはないのです。子どもの反抗期や挫折している時期は、ともに我慢しなくてはなりません。

ビジネスにおいても、マネジメントがうまくいかなかったり、周囲からひどいことを言われたりすることもあります。そんなとき、子育てを通じて得られた「あきらめない心」や「根気強さ」が活きてくるのです。

このような**緊張状態を長きにわたって続けることで、女性はあきらめない心や根気強さを得ることができます。**

＊

これらの７つの能力は、子育てが女性にもたらしてくれる能力の一例で、実際にはもっとさまざまな能力があると思います。

いずれにせよ、**ビジネスの現場での仕事のほとんどは「ほかの人でもできる仕事」ですが、子育ては「自分だけができる仕事」**です。会社での仕事は、自分が休んだり退職したりすれば、代わりに誰かがやってくれます。しかし、子育てはほかの人に任せることができません。

そう考えると、**女性にとって子育ては、「自分にしかできない仕事」に取り組み、さまざまな能力を伸ばすことができる、最高のチャンス**だといえます。

子育て経験を経た女性は、ビジネス現場の第一線で活躍している

女性が身につけたこれらの能力は、子どもが成長してからも自分自身が次のステージに進む際に役立つものです。

私は、あるホテルのフィットネスクラブのトレーナーさんから、「子育てを終えた40代や50代の従業員の方が活躍している」と聞いたことがあります。

なんでも、**子育て経験のある従業員はコミュニケーション能力が高く、さまざまな問題を発見し、自発的に解決していく能力が優れている、**ということです。

これは、先にお話ししたような、子育てが女性にもたらす能力の所以ではないでしょうか。

ほかにも、ホテルチェーンの東横インでは、女性の方がたくさん活躍してい

ます。

『なぜか「クセになる」ホテル　東横インの秘密』という書籍では、「東横インでは基本的に女性支配人に店舗運営を任せている。実に支配人の97・5パーセントが女性だ」とあり、その理由を次のように述べています。

「女性のほうがこまやかな心配りができ、きれい好き。妻のように、母親のように世話を焼くのが好き。地元の名士にホテルを建ててもらい借りているので、近所付き合いも上手でなければならない。そういった女性ならではの資質が、ホテル運営に向く。ホテル1つひとつは小さい世帯。女性支配人はそこを守っていくお母さん的な役割を果たす」

『なぜか「クセになる」ホテル　東横インの秘密』（荻島央江／日経BP社）

この書籍には、採用についても興味深い記述がありました。

「専業主婦の経験しかなくても、支配人として採用する。結果として、育児が一段落した30～40代の女性を採用することが多い」

「ホテルは少し大きな家庭のようなもの。家庭の切り盛りは、ホテルの切り盛りとよく似ている。夫の給料の中で家計をやりくりし、子どもをきちんと育てる能力がある女性なら、十分に支配人が務まると考える」

『なぜか「クセになる」ホテル　東横インの秘密』（荻島央江／日経ＢＰ社）

さらに東横インでは、自ら「リーダーをやりたい」という女性を支配人にすると掲げています。実際の採用試験では「リーダーの経験の有無」が重視されますが、それはＰＴＡの役員でもいいわけです。

このような人材の仕組みを構築した結果、優秀でやる気にあふれた女性がどんどん採用され、彼女たちの活躍がホテルの急成長の原動力となったようですが、これは、女性が子育てによって最高のキャリアを得たわかりやすい例ではないでしょうか。

「立派に子育てしてきたのだから、勉強なんて必要ない」

私自身の話でいえば、結婚後は家事と育児に専念していたため、夫の会社で働くことが決まっても、「会社に行っても何の役にも立たないのではないか」と考えていました。

さらに、経営者の妻ということで社員から煙たがられるのも嫌でした。そんなとき、ある友人が背中を押してくれたのです。

「あなたは控えめすぎる。あなたは、すごい力を持っている。あなたは堂々としていればいい。それだけのものを持っているのだから」

こう励まされて私は少し気を取り直し、「それでは、勉強してから……」と答えたのですが、次のように言われました。

「勉強なんかしなくてもいい。立派に子育てをしてきたのだから、これ以上自分を磨く必要はない。今のままで大丈夫」

この友人は、**「子育てで培った能力は、そのまま社会で活かせる」**と伝えてくれたのですが、その言葉に押されて私は仕事を始めました。

そして、働きはじめるとすぐに、子育て中の経験がビジネスのさまざまな場面で役立つことを痛感したのです。

子育ての経験を活かして問題の本質を解決する

子育て経験が社会で活かせるということについて、具体的にお話ししましょう。

私が入社したときには、会社の従業員は100人以上いましたが、女性のパート社員が多く、税理士といった専門家は少数。税理士の採用は難しく、採用しても定着しない状況でした。

そこでまず、この人材面で改善すべきところはないかを考えることにしました。

はじめに、就職希望者の立場になって考えてみました。それまで事務所の実績をアピールするパンフレットを作成していましたが、事務所の価値が業界の人にしか理解されないような内容でした。売上高や顧客数、自己資本比率などが挙げられていましたが、それらを見て就職先を選ぶ人は少なく、事務所の採用戦略は応募者の立場に立ったものではなかったのです。

そこで、新たな採用戦略として新人研修制度を導入し、新しいパンフレットを作成しました。さらに、税理士や公認会計士向けの就職情報誌に毎月求人広告を掲載すると、応募者数は大幅に増えたのです。

これと同時に、採用に内在する本質的な問題を解決するには、事務所のブランドイメージを高めることが必要だと考えました。

当時のオフィスはＪＲ線御茶ノ水駅近くにあり、「思援」という社名でした。この社名はお客さまの「思い」を「応援する」という意味で、お客さまへのメッセージが込められた社名でしたが、パッと見てその意味を理解してもらうのは難しいように感じました。

組織のイメージや就職したい会社のイメージを考えると、カタカナの社名のほうが印象がいいのでは、という考えから、２００９年に大手町にオフィスを移し、社名を「レガシィ」に変更。それまでのブランドイメージを大きく変えたことで、望む人材が多く入社してくれるようになったのです。

この改革は、子育てを経験したからこそ成功できたといえます。

先に述べたとおり、子どもが一人前に成長するには時間がかかります。**「理想の将来像」と「目の前の現実」を両方見据えながら子育てをするなかで、女性には俯瞰的な視点が自然と身についていきます。**だから子育て経験のある女性は、中長期的な視点で物事を見ることが男性よりも得意といえるのかもしれません。

これは、会社組織を考えるうえでも大切な視点です。10年後の理想を考え、そのときに誰が、どんなポジションで働いているか。それを考えて現状を見ると、組織や人材面で何をどう変えるべきかが見えてきたのです。

私の場合、「会社にとって一番の財産となる人材を育て、他社に負けない特色や強みを発揮しよう」と考えました。これにより会社の価値が高まり、持続的な競争力を持ち、企業経営を継続させることができます。

こうして、何の社会人経験も持たなかった私は、ビジネス現場でも十分に働けることを実感したのです。

子育てをした女性は、「中長期的な視点で物事を見ること」が得意

子育てを経験した女性は、中長期的な視点で物事を見ることが男性よりも得

意だという点について、もうひとつの例をお話ししましょう。

人材マネジメントでは、人材が企業にとってふさわしい戦力になるよう育成することが求められます。

そのためには場所とメンバーが重要で、従業員を正しく評価し、正当な報酬が得られるように仕組みを整え、育成システムを確立させることもカギとなります。

当時のレガシィには、専門家の部門としては会計税務部門と資産税部門がありました。

組織のひとつの課題として、会計税務部門に税理士の責任者がいない、ということがありました。そこで2008年、会計税務部門と資産税部門の統合を発表。2009年4月のオフィス移転を機に統合したのです。

最初は案件責任者5人でスタートしましたが、そのうちの2人が辞め、3人になりました。案件責任者の役割は、見込み客から要望を聞き、サービス内容を提案し、受注することです。受注したら実務を役割分担して部下に振り分け、自分は重要ポイントをチェックしながら業務を完遂します。

受注までにはかなりの時間と労力を使うので、5人から3人になった時点で、残った案件責任者の負担は増えました。それを軽くするために、一定のレベルより下の仕事は、部下であるキャプテンやシニアに任せることにしました。

ですが、これではキャプテンやシニアの負担が増える可能性が高くなります。そこで新しい環境をつくろうと、社内に「小さな会計事務所」をいくつかつくることにしました。

組織として、案件責任者が3人、その下にキャプテン・シニアが12人います。キャプテン・シニアは2人1組にして、そこに4人のスタッフをつけました。2人のリーダーと4人のスタッフの6人で1チームです。

これが、レガシィの中にできた「小さな会計事務所」です。リーダーをひとりにすると仕事が重くなるので、チームの中の2人のリーダーがお互いに助け合う、という仕組みです。

「小さな会計事務所」という発想は、キャプテン・シニアに前職についてのヒアリングをしていて思いついたことです。

「前の会計事務所は全員で5、6人、自分は所長の下で2、3人のスタッフをまとめながら仕事をしていた」という声が多く、似た環境をつくれば働きやすいのではないか、と考えました。

6つのチームは自然に競い合うような仕組みです。月1回、キャプテン・シニアミーティングという報告会を開催し、代表、専務、案件責任者の前でチームごとに受注額、受注率を報告し、チーム運営の情報交換をしました。すると、自然にチーム間に競争意識が芽生えてきました。

さらにモチベーションを上げるために、年度末には受注額、受注率の高いチームを表彰し、報奨金を出しました。

チームの構成メンバーは20代、30代の若手が多かったため、最初のうちは業績が落ちないか、クレームが数多く発生しないかと心配でしたが、チーム制はうまく機能しています。

若いメンバーが仕事を任されることで一人ひとりが自立し、競争意識が生まれたようです。また、チーム表彰を設けることで、チームの売上げに対する意識が上がりました。

これからの日本女性のロールモデルを考える

こうした一連の改革が話題となり、「なぜ専業主婦だった女性が、会社をグレードアップできたのか」と驚かれたのですが、私は子育てを経験したからこそビジネス現場で成功できたのではないか、と考えています。

この経験について、高校時代の恩師が次のように分析してくれたことがあります。

「専業主婦時代に、さまざまな人間関係の中で自分を磨いたことがプラスになったのだろう。専業主婦だったからこそ、社会人としての既成概念がなかった。それに加えて、柔軟な心があったからうまくいったのではないか。若いころからOLとして働いていたら、組織の常識が染みついてしまって豊かな発想は出なかったかもしれない。主婦として苦労した経験が活かされていて、これからの日本女性のモデルになるのではないか」

子育ての経験をビジネスに活かした女性の例でいえば、実業家の薄井シンシアさんは、『専業主婦が就職するまでにやっておくべき8つのこと』(KADOKAWA)や『ハーバード、イェール、プリンストン大学に合格した娘は、どう育てられたか ママ・シンシアの自力のつく子育て術33』(KADOKAWA)などの著作で、自身の経験を書かれています。

薄井さんは大学卒業後、貿易会社に2年間勤務したのちに結婚しました。子どもを授かり、産休後は仕事に復帰する計画だったそうですが、生まれてきた娘さんを抱いた瞬間、「この子を育てることが私の人生最大の仕事になる」と直感したそうです。常に全力投球する性格で、仕事と育児の両立は難しいとわかっていた、とも書かれていました。

ところが娘さんが17歳になってハーバード大学に入学すると、大きな喪失感にさいなまれました。そんなとき、娘さんが通っていたバンコクの学校から「カフェテリアで働かないか」と誘いを受け、48歳で「給食のおばちゃん」として仕事に復帰。約2500人の子どもたちが押しかけて混乱するカフェテリアの様子を見て、「なんとかしなくては」という気持ちを抱き、予算に合わせたレシピを開発し、子どもたちが整然と楽しく食事ができるように改善し、評判のカフェテリアをつくり上げます。

その後、電話受付から外資系ホテル、東京オリンピックのホスピタリティー担当など次々とキャリアを切り開き、外資系ホテルの日本法人社長に就任しています。

このような女性は、これからの日本で増えていくように思います。

薄井さんは**「キャリアとしての専業主婦」**という言葉を使っていますが、彼女は家事を効率よくこなすために、料理や掃除などの基本を徹底的に学んで合理化を追求し、献立は1カ月分を月初めに計画。1日の家事スケジュールも決めて時間を厳密に管理します。

経営者のつもりで費用対効果を考えながら家計を回し、PTAやボランティアにも積極的に携わって人脈をつくる。さらに夫や娘と対等に話ができるよう、新聞や本から毎日多くの情報を仕入れたそうです。

薄井さんは、家事や子育てを一生懸命にやった経験が、のちのキャリア形成に大きく役立ったのでしょう。

いずれも未経験の職種でありながら、主婦時代に培った手際のよさとコミュニケーション能力、アイデアで業績を上げていったわけですが、これは、子育てが女性にさまざまな能力をもたらし、ビジネスキャリアを拓いてくれる好例だといえます。

「子育てキャリア」の価値を評価する

こうした女性独自の価値を再認識し、レガシィでは現在、子育て後の女性人材の採用に力を入れています。

この世代には子どもが中学生以上という人が多く、最初はパートタイムの勤務を選んでいる人もいますが、非常に能力が高い人が多いこと、子育てに真剣に取り組んだ経験が仕事への情熱や能力の高さにつながっていることを感じています。

そこで現在パートタイムで働いている40代の女性でも、時間の余裕ができた際には正社員として採用し、重要な業務を任せていこうと考えています。

面接の方法についても、一般的には履歴書や職務経歴書で判断されますが、私たちは子育てのマネジメント力に関する質問を行なうなどして、子育ての経験や真摯に取り組んできた姿勢を重視しようと考えています。

レガシィではこのように取り組んでいますが、私は、**子育てをした女性の価値を、社会全体がもっと認識するようになればいい**と考えています。

今はまだ、ビジネスでは「子育て」をマイナスで語る場面が多く見られますが、子育てが女性の能力をいかに伸ばしてくれるかがもっと認知されれば、結婚したがらない女性を減らしたり、少子化に歯止めをかけたりすることができるかもしれません。

だから私は、**子育て後の女性は「子育てしかしていない」「ブランクがある」などと自分を卑下せず、「子育てキャリア」に自信を持って社会に出てほしい**、就職活動をするときに、自分の履歴書に堂々と「子育て」を書いてほしいと思います。自己PRなどの欄に、「子育てを通してマネジメント能力やコミュニケーション能力を培った」などとアピールしてもいいのではないでしょうか。

かつて私も、「子育てしかしていない自分がビジネスの世界でやっていけるのか」と悩んだことがありますが、本章でお話ししたように、**子育てで獲得した**

能力は、ビジネスなどの世界で必ず求められ、発揮されるでしょう。

本章では、子育てがもたらしてくれる「最高のキャリア」についてお話ししましたが、次章では視点を変えて子育てによる「最高のウェルビーイング」についてお話ししていきましょう。

3章

子育てが
最高のウェルビーイングを
もたらしてくれる理由

「ウェルビーイング」と「ハピネス」の違い

近年では、**「ウェルビーイング(well-being)」**という言葉が広まっています。簡単にいえば**「身体的にも精神的にも社会的にも良好な状態のこと」**ですが、一般的には**「幸福」**や**「幸せ」**を指すとされています。

ここで気をつけていただきたいのは、**「ウェルビーイング」と「ハピネス」は根本的に違う、**ということです。

「ハピネス」もまた「幸福」を意味する言葉ですが、両者の大きな違いとしては、ハピネスが「感情的な幸福」や「瞬間的な幸福」であるのに対し、ウェルビーイングは「内面に深く根ざした幸福」を指すということがあります。**ハピネスは「一過性の幸福」、ウェルビーイングは「持続的な幸福」**といえるでしょう。

ウェルビーイング研究の第一人者である慶應義塾大学大学院の前野隆司教授は、次のように定義しています。

well-being

身体的、精神的、社会的に良い状態を表し、「幸福」や「幸せ」よりも広い意味を持つ単語です。一方、happiness は感情的に幸せな状態、すなわち、短期的な心の状態を表しており、「幸福な人生」のように長期的な心の状態も表す「幸福・幸せ」よりも狭義の単語だというべきでしょう。

つまり、体と心が健康であり、人間関係も良好な状態ということですが、さらにその状態は、一時的ではなく持続すること（＝being）を前提としています。

それではなぜ、今、ウェルビーイングが注目されているのでしょうか。

それは、**私たちの価値観が「物質的な豊かさ」から「心の豊かさ」へと変わってきたから**ということがあります。

ウェルビーイングの3つの要素

ウェルビーイングであるためには、身体的・精神的・社会的に良好な状態である必要があります。

特に重要なのが、**「精神的な幸福」**です。

幸福は心で感じるものですから、精神が満たされているかどうかが全体の幸福感に占める割合は大きいものです。

ここでもういちど、「ウェルビーイング」と「ハピネス」の違いに注目してみましょう。

左図では、「精神的な幸福」に「ハピネス＝感情としての幸せ」が内包されていますが、**ハピネスとは心が感じる「そのときどきの幸福感」**を指します。

「感情的に高揚する幸福感」とでもいうべきか、高い幸福感を得られるものの一過性のものであり、いずれ鎮まってしまいます。たとえば、お金や地位の獲

ウェルビーイング3つの要素とは?

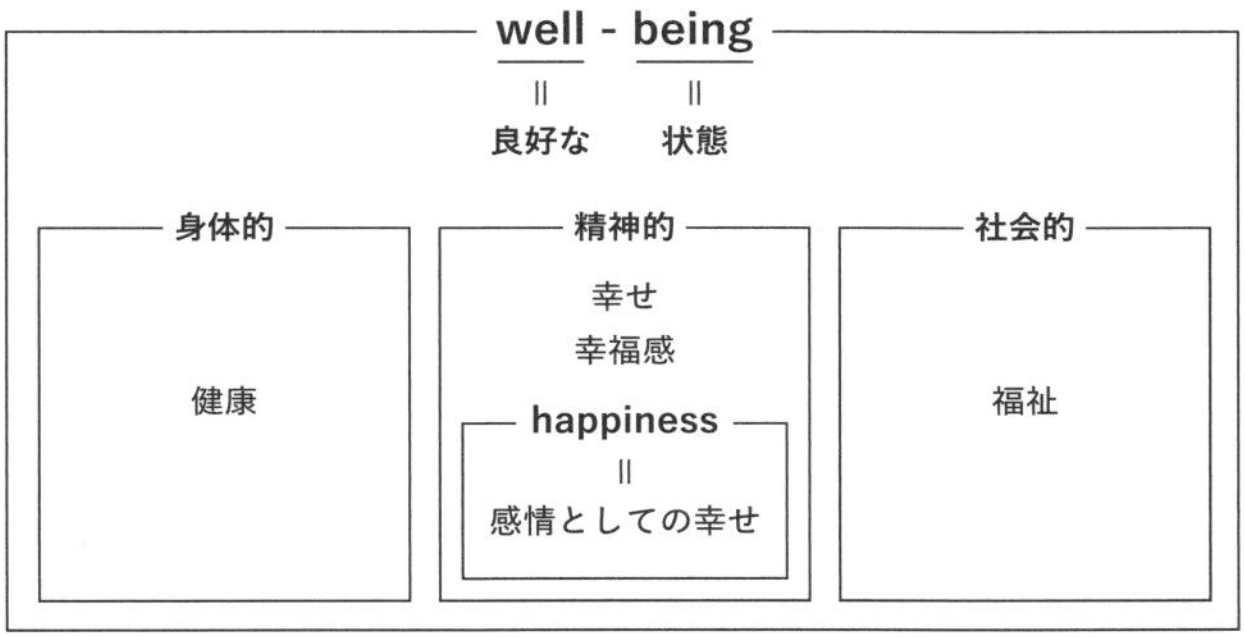

出典：前野隆司氏による図解をもとに作成

得によって生じる感情もハピネスの一部と捉えることができるでしょう。

一方でウェルビーイングは、**「内面に深く根ざした幸福」**であり、容易に鎮まることはありません。**「身体的・精神的・社会的に健全でバランスがよく満たされた状態」ですから、短期間にその状態が変化することはない**わけです。

ウェルビーイングを得るために必要なことは？

「一過性の幸せ」「短期的な心の幸福状態」であるハピネスは、「お金で買えるものによる幸福」あるいは「数値化できる幸福」と言い換えることもできます。「お金や地位の獲得による幸福」のほかにも、たとえばおいしい食事や友達との楽しい時間によって得られる喜びや楽しさは、ハピネスに該当します。

ハピネスを得るためにお金を使うことも一般的で、そう考えるとハピネスは、誰にでも容易に得られる幸福ともいえるでしょう。

一方、**ウェルビーイングを得るためには、長期にわたって心と体の健康を維持し、バランスの取れた生活を送ることが必要**です。

さらに、**ウェルビーイングを得るためには能動的な姿勢と積極的な意思が大切**だと私は考えています。

たとえば、適切な食事や運動を通じて日々健康を維持することで、身体的に満たされた状態を得られます。また、自己管理能力を高めることで時間やリソースを効果的に活用し、自己成長や達成感も得られるでしょう。

つまり**ウェルビーイングな状態に至るためには、能動的な姿勢や自分の意思が不可欠**なのです。

能動的な意思や姿勢を持つ人は、問題や困難に直面した際に消極的になるのではなく、積極的に解決策を見つけ出そうとします。自身の状況を客観的に分析し、必要な変化や対策を講じることで、よりよい結果や状況をつくり出すことができます。

こうしたことが自分を受け入れる自信や自分の能力に対する信頼につながっていき、最終的に身体的にも精神的にも社会的にも満たされた状態になるのではないでしょうか。

幸福度と年齢の意外な関係

左図は、イギリスの経済誌「The Economist」で紹介された調査結果ですが、これによれば、**幸福を感じる人は、年を重ねるにつれて増える**ことがわかります。

この調査では、20歳前後の多くの人が高い幸福度を感じていましたが、20代後半や30代になると幸福度は少しずつ低下していきます。ただし、50代後半になると幸福度は盛り返し、70代になると20歳前後の幸福度と同じレベルになっています。幸福度が「U字カーブ」を描いているわけです。

私は、**20歳前後で感じる幸福度と70代で感じる幸福度は、性質が異なるのではないか**と考えています。

幸福度と年齢の関係は？

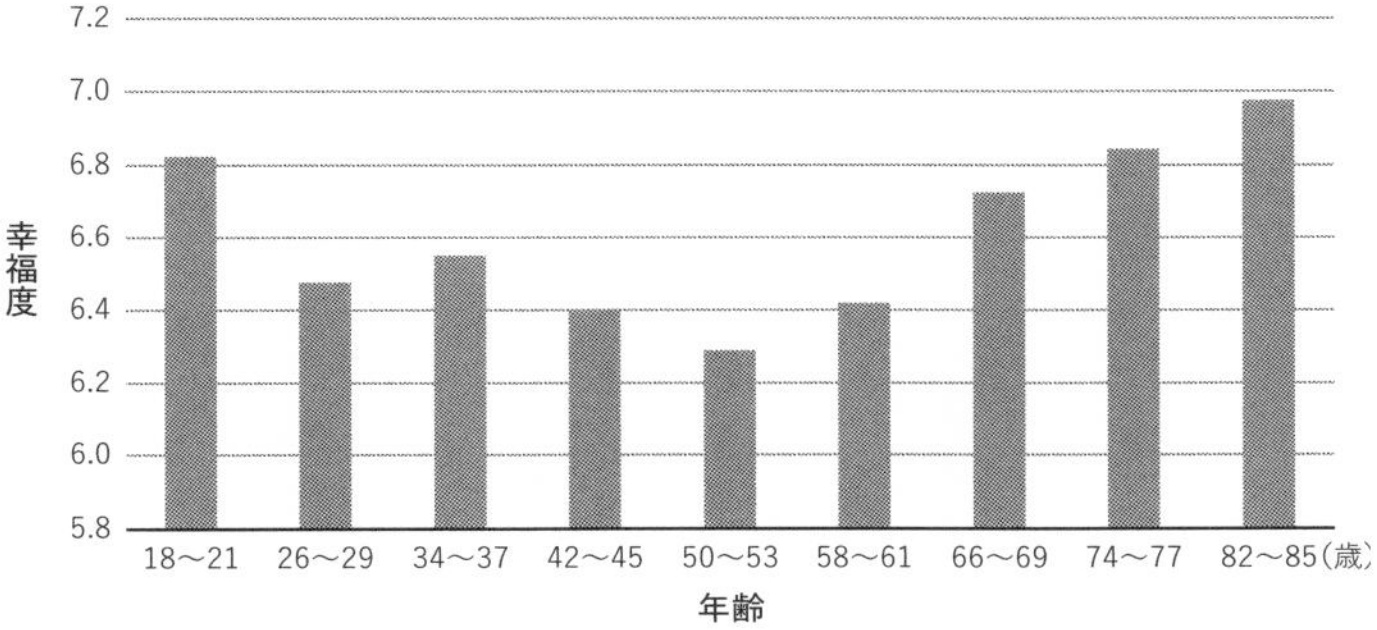

イギリス経済誌「The Economist」で紹介された「The U-bend of life」をもとに作成

具体的にいえば、20歳前後の幸福度は「ハピネス」であり、一方で70代で感じる幸福度は「ウェルビーイング」と関連しているのではないでしょうか。

これには、私自身も60代に差し掛かって心の安定や人生の意味を感じることが増えてきたという経験からいえることもあります。

年齢を重ねると、物事の重要性や喜びの源は変化します。そしてウェルビーイングというものをより顕著に感じられるようになりました。

振り返ると、若いころに感じていた幸福は、先の話でいえば、おいしい食事をしたりお金を得たり友人とテーマパークに出かけたりといったように、そのときは瞬間的に高まるけれど、いずれ鎮まってしまう幸福感が多かったように思います。

このときは、「満たされた状態であること」よりも「瞬間的な幸福」のほうに目が行きがちだったといえるかもしれません。

つまり、**若いころにはお金をかけたりすることで容易に幸福感を得られたのに、年齢を重ねるにつれてそれがだんだん難しくなります。**それは、この調査結果で50代に向けて幸福度が下がっていくことからも読み取れます。

しかし**60代、70代と進むにつれて「満たされた状態」であることを認識できるようになり、それを幸福と捉えることができるようになる**のでしょう。

「ハピネス」の連続では、「ウェルビーイング」に辿り着けない

ウェルビーイングという「満たされた状態」を得るためには、日々の生活がうまくいっているかどうかを感じることが重要となります。

そう考えると、**一時的な幸福感である「ハピネス」を連続的に経験しても、それがウェルビーイング＝満たされた状態につながるわけではない、**ということもできます。

たとえば、「好きな音楽を聴きながらおいしいお菓子を食べることが幸せ」という人がいたとしましょう。

その場合、お菓子を食べて音楽を聴いている間は幸せを感じますが、それが一生続くわけではなく、いずれは終わってしまうので、内面的な深い幸福にはつながりません。

先に、お金で得られる幸福はハピネスに区分されるというお話をしましたが、お金で買えるものは他の人と比べることができるものである、ということもあります。

先の例でいえば、友人が自分よりも素敵なお菓子を食べていたり、自分のお菓子が流行遅れだと思ったりすると、幸せな気持ちが減る可能性もあります。

つまり**ハピネスは、ほかの人と比べたり外部の要素に左右されたりしやすい**ともいえます。

幸せの4つの因子と子育ての関係

先に挙げた前野隆司教授は、著書『実践 ポジティブ心理学 幸せのサイエンス』（PHP研究所）で、日本人1500人を対象に行なった調査から、幸せにつながる4つの因子を発見したと書いています。

第1因子＝「やってみよう！」因子（自己実現と成長の因子）

コンピタンス（私は有能である）、社会の要請（私は社会の要請に応えている）、個人的成長（人生が学習や成長に満ちている）、自己実現（今の自分はなりたかった自分である）という項目と関連性が深い因子。

第2因子＝「ありがとう！」因子（つながりと感謝の因子）

人を喜ばせることや愛情、感謝、親切、他者との心の通う関係が幸せに寄与することを示していて、まわりとの安定した関係を目指す因子。

第3因子＝「なんとかなる！」因子（前向きと楽観の因子）

楽観性、気持ちの切り替え、積極的な他者関係、自己受容（自分は人生で多くのことを達成してきた）といった項目との関連性が深いとされる因子。

第4因子＝「ありのままに！」因子（独立とあなたらしさの因子）
自分と他者とを比較しないことが重要で、他人の目を気にせず、制約にもとらわれずに自分らしさをはっきり持っている人が幸せを感じやすいとされる因子。

これらの4つの因子は、子育てのさまざまな場面と関係しています。

子育ては「幸せにつながる4つの因子」をすべて内包する営みで、だからこそ女性の幸福につながるのだと私は考えています。

それぞれを具体的に見ていきましょう。

①子育ての「やってみよう！」因子
あらゆる母親は、子育ての初心者です。子どもが生まれると、女性は未経験のことに挑戦しなくてはなりません。

そのつど「やってみよう！」という姿勢で目の前の問題に取り組まなければならず、たとえばミルクをどのように飲ませるのか、おむつをどう替えるのか、ごはんをどのように食べさせるのか、言葉をどのように教えるのか、トイレをどう練習させるのか、幼稚園・保育園にどう楽しく通わせるのか、勉強の習慣をどう身につけさせるのかなど、母親は常に挑戦を強いられています。

たとえふたり目の子どもであっても、ひとり目の子育てでは経験しなかったことにも直面することになります。

ときには失敗したりうまくいかずにつらい思いをしたりすることもありますが、母親は子どものことを投げ出すことはできません。面倒くさいからやめようというわけにはいきません。

だからこそ、**「やってみよう！」という意思を持って子どもに最後まで伴走することで、やがて大きな達成感や幸福感を得ることができる**のです。

②子育ての「ありがとう！」因子

女性は母親になると、子どもを取り巻く周囲の人間関係に配慮し、感謝するようになります。

子育てには、自分だけではどうにもならないことがあります。トラブルが発生するたびに、近所の人、ママ友、親族などに助けられました。これほど周囲の人に「ありがたい」と思ったことはありません。

また、子育ては利他そのもので、女性は子育てを通して「自分以外の誰かのためを心から思って行動する」ということを経験します。子どもという他者の命や生活・幸せを守るために尽くすことを知り、他者への貢献の気持ちが育まれていくのです。

多くの人は他者に尽くすことは大切だと知っていることと思いますが、それを実際に行動に移せるかは別問題。しかし**女性は、子どもという最も近い他者のために日々エネルギーを費やすことになり、その経験から他人のために尽くすやりがいや喜びを無意識的にでも感じていきます。**

ボランティアを行なうのは男性よりも女性が多いといわれるのも、女性は子育てを通して他者貢献の喜びを知っているからかもしれません。

こうした母親の気持ちは必ず子どもに伝わり、毎日の生活の中で子どもとの信頼関係がだんだん強固に構築されていきます。

そして**そのつど子どもから「笑顔」を受けとり、それがエネルギーとなってまた子育てに向き合っていく、母親はそのような幸福のサイクルを過ごしているように思います。**

③子育ての「なんとかなる!」因子

すべてのことが未経験である子育てには、「なんとかなる!」という要素も大きくあります。

母親は一人ひとり個性の違う子どもと向き合い、日々予測できない事態に対処することになります。**子育てをする母親は「なんとかなる!」という根拠のない、底抜けにポジティブな気持ちを持つことになる**のです。

そして、子どもの数が多いほど、その傾向は強くなります。子どもの数だけさまざまな問題が起き、そのつど対応していかなくてはなりません。病気や怪我、喧嘩、近所からの苦情、先生からの注意なども、子どもの数とともに増えていきます。

そうしたことに対応しているうちに「なんとかなる!」と感じ、子どもの数だけ人の器が大きくなります。子どもの多い人におおらかな人が多いのは、そのためではないでしょうか。

初めてのことでも、やり方がわからなくても、きっとなんとかなる。それは「なんとかする!」という強い使命感が根底にあるのかもしれません。

女性は、子育てでそんな強さを習得し、「なんとかなる!」と「なんとかなった!」から、大きな幸福感を得ていくのではないでしょうか。

④子育ての「ありのままに!」因子

子育ての過程では、自分のやり方や自分のペースでやることの大切さが身についてきます。

初めのうちは、他人、たとえば周囲の「先輩ママ」と自分を比較したり、自分の子を周囲の子と比較したりすることがあるかもしれません。しかしそのうちに、自分の子の個性に合った方法、自分にできる方法で子育てをするしかないことに気づきます。

そして、**「自分流の子育て＝ありのままの自分でありのままの子どもに向き合っていく方法」を身につけていく**のです。

また、人間も生きとし生けるもののひとつである以上、その根源的な使命として、「種の存続と繁栄」があります。

女性は生まれながらに命を産み出し子孫へとつないでいくという役割を担っており、それは大きな社会貢献だと私は考えています。

子どもを産み、その子を守っていくという生きものの「ありのまま」の使命を、女性は子育てで体現していくことになります。

＊

このように、**子育ては「幸せにつながる4つの因子」をすべて内包する営み**であり、だからこそ女性の幸福につながるのではないでしょうか。

そしてそれは、言い換えれば**女性だけが得られる特権的な幸せ**であり、**それ**

による幸福感は消えることがなく、女性の心にずっと深く根ざすウェルビーイングとなるのです。

私は現在、60歳を過ぎ、自分の心地よさを第一に過ごしています。ビジネスを始めたときは、会社のイノベーションができたことでウェルビーイングを感じることもありました。

ですが、ビジネスを終えかかった今、素直に感じることは、**子育てが私のウェルビーイングの根源にある**ということです。

仕事の実績や達成感は残っているのですが、そこにはウェルビーイングはそれほど感じません。子育てをしたからこそ、私は今、持続的で内面に深く根ざした幸福を得ていることを断言できます。

「誰かのための行動」が幸福感につながる

「子育て」という期間に、女性は利害関係なしに相手と向き合うことになります。

自分よりも誰かのことを優先的に考えられるのは、子育て中の子どもに対してだけだといってもよいかもしれません。そして、そこで「他者への貢献」という気持ちが醸成されることになり、これが社会全体への貢献へとつながるのです。

つまり女性は、子どもを育てることで個人的なウェルビーイングを得、そしてそれを社会全体のウェルビーイングの向上につなげることができる、重要な役割を担っているのだといえるでしょう。

いわば、**自分自身の幸せだけを考えていても、真の幸福（＝ウェルビーイン**

グ）は得られないということです。

幸せとは、誰かのために行動し、役立ったと感じたときに得られるものです。相手からの感謝の言葉や態度を受けたとき、自己満足感や達成感を感じたときに、心は幸福を感じます。

ただし、「誰かのために行動する」といっても、赤の他人のためにそこまで努力できるものではありません。しかし女性は、子どもという「最も身近な他者」に対し、自分の身をなげうってでも何かをしてあげたい、という気持ちを抱くものです。

こうして女性には、自分以外の人のために、利害を超えて行動するという他者貢献の意識が自然と生まれてくるのです。

「子どもを守る」という気持ちに素直に従って行動することで、目の前の道は大きく拓かれ、いずれは真の幸福に辿り着ける。私はそのように考えています。

もちろん、子どもを持つか持たないかにはさまざまな要因が関わりますから、すべての女性が子どもを持つことができるわけではありません。

しかし、もしも本書をお読みのみなさんが、**「キャリアの邪魔になりそうだから」「経済面が不安だから」といったような理由で結婚や出産をためらっているのなら、子育てがもたらすウェルビーイングについて考えていただきたい**と思います。

ただし、最近では「子どもを持たない人」に配慮する傾向が強く、子どもを持つことの幸せを大きな声では話せないような雰囲気を感じます。

しかし私は、子どもとの生活における喜びや幸せをもっと自由に口に出してもいいのではないか、と思います。

たとえば、子育てがどんなに大変でも、あるいは仕事でつらいことがあっても、夜子どもの寝顔を見ると、とてつもない幸福を感じることができる。先に述べたように、母である女性にとって子どもの寝顔は1日の疲れをリセットしてくれる、そんな大きな力があるのです。

このような、子育てによる純粋でシンプルな喜びをより多くの女性が知れば、きっと出産をためらう気持ちも変化していくのではないでしょうか。

人生は、オセロゲームのようなもの

もちろん子育て期間中にはつらいことも多いでしょう。

実際に日々子育てに追われている人は、「これのどこがウェルビーイングにつながるのか」と思うかもしれません。

ですが、**つらいことも楽しいこともあるからよい**のです。

人生はオセロゲームに似ている、といわれています。

生まれたときが、ゲームのスタート。最初に白い石が置かれたとしましょう。

その後、年齢を重ねるごとに黒が増えたりします。

白が「幸福」、黒が「不幸」だとすれば、不幸が多い時期もあります。幸福を増やしていても、突如として不幸がそれを全部塗り替えてしまうこともあるでしょう。ただし、その逆も然りで、不幸がどんなに多くても、「今」という1カ所に白い石を置けば、これまでの「不幸」をすべて「幸福」に塗り替えることもできるのです。

「終わりよければすべてよし」という言葉があります。自分の人生が幸福であったかどうかは、最終的にどのくらい幸福だと感じているか、に依るところが大きいものです。

途中経過でどんなに黒＝不幸を増やしても、最終的に白＝幸福が黒い石をたくさん裏返して白にすれば、そこに至る過程で感じた悲しみや苦しみは、きれいに上書きされます。

ここでも、どんなに黒＝不幸が増えたとしても、あきらめずに向き合うことが重要となります。

黒に負けそうになったとしても、どうしたら白を増やすことができるのか、

逃げずに立ち向かい果敢に挑むこと。黒＝不幸に打ち克つために、必死に考えなければなりません。

もしも今、**自分の人生がつらい、苦しいと考えているのなら、それを映画にたとえる、という方法もおすすめ**です。

映画であれば、ピンチの局面がなければ、ラストの大団円は味気ないものになってしまいます。つらい時期があるからこそ、最後に訪れるハッピーエンドがより大きな意味を持つのです。

よくいわれることですが、人生の主役は、常に自分自身。自分の人生を映画と捉えると、現在自分はどのあたりにいるのか、始まったばかりの「状況説明」のシーンなのか、強大な敵に陥れられるピンチのシーンなのか、ということがわかれば、目の前の苦しみや問題にも立ち向かう力が出てくるのではないでしょうか。

そして、**単調な日常を描いただけの映画より、山あり谷ありのストーリーのほうが、絶対におもしろい**はずです。

人生を俯瞰して考えると、現在の行動や選択が大きく変わってきます。自分自身で人生のスケジュールを組み立てることも重要で、他人の意見や社会の期待に流されず、自分の望む人生をデザインしていくこと。**ウェルビーイングを得るためには、そのような積極的で能動的な姿勢が不可欠**なのです。

これについては4章で詳しくお話ししますが、その意識を持って、自分の夢や目標に向かって積極的に行動し、人生を自分の意思でコントロールしていけば、大きなウェルビーイングを得られるはずです。

4章

4つのステージに大切なセルフイノベーション

女性の人生を4つのステージに分けてみる

私は、自分の経験を振り返ると、女性の人生は４つのステージに分けることができると考えています。

ステージ1【ファンデーションステージ】
：誕生から結婚に至るまでの時期（～20代）
ステージ2【イノベーションステージ①】
：出産・子育てをする時期（20代～40代）
ステージ3【イノベーションステージ②】
：自分の新たな価値を生み出す時期（40代～60代）
ステージ4【イノベーションステージ③】
：自分と社会に還元し心地よく生きる時期（60代～）

ステージ2以降を「イノベーションステージ」と名づけていますが、**女性にはセルフイノベーションを起こして、次のステージに移っていただきたい**と思います。**「セルフイノベーション」**とは、**「同じ場に留まらず、自分が持っている能力を活用し、新しい価値を生み出していくこと」**です。

前章の最後に、**「自分の人生を自分でスケジューリングする」**というお話をしましたが、**自分の現状を俯瞰して、自分が今、どのステージにいるのかがわかれば、今、何をするべきか、どんな選択をするべきか、その答えが自然とわかる**はずです。

それぞれのステージの特徴について、一つひとつお話ししていきましょう。

ステージ1【ファンデーションステージ】誕生から結婚に至るまでの時期（〜20代）

この時期は、一般的には学習する時期といわれています。大切なのは、**ステージ1は「自分の好きなことに没頭する時期」でもある**ということです。

私自身の経験を振り返ると、この時期は、その後の人生で幸福感や充実感をいかに得られるかのさまざまなヒントが隠れているように思います。

●人の本質は、幼少時に形成されている

私の話でいえば、幼いころに夢中になったのが、人形遊びです。

家には15体ほどの人形があり、主に母が布と毛糸で作ってくれたものでしたが、姉と私も見よう見まねで作るようになり、人形はどんどん増えていきました。

私はそれぞれの人形に名前をつけてキャラクターを与え、「ごっこ遊び」をす

るのが好きでした。

たとえば、「この子は勉強が得意だけど、おとなしくてもの静か」、あるいは「この子は絵が得意で、でもスポーツや勉強は苦手」といったように、具体的な特徴を設定するのです。どの人形にも必ず長所と短所がありました。

「学校ごっこ」の場合、私が先生となり、人形たちが生徒役です。ときには私も生徒の役になって、人形にセリフを言わせたりして、複数の役を演じていました。

そしてそれから何十年も経ち、私は夫の会社に参画し、組織づくりやマネジメントに携わることになるのですが、ふと「これは、昔遊んでいた『人形遊び』のようなものではないか」と感じました。

組織にはさまざまな人間が所属し、それぞれに長所と短所があります。そうした人間の集まりをどう指揮し、まとめ上げて最大のパフォーマンスを発揮させるかというのが、私の仕事の最重要課題のひとつです。

「三つ子の魂百まで」ではありませんが、「さまざまな個性を持つ大勢の人間を指揮する」ということに惹かれるのは、幼いころから変わらないのだな、と痛感じました。

●子どものころの経験に、自分の強みが隠されている

私の場合は、幼いころに興じた人形遊びが、その後の「会社の組織づくり」や「人事マネジメント」という仕事につながったのだと思っていますが、本書をお読みのみなさんも、子どものころに没頭していた活動が必ずあるはずです。もしかするとそのなかに、社会やビジネスで活かせる能力や特性が隠れているかもしれません。

それらは、さらには60代からのステージ4を楽しむ大きなヒントにもなることでしょう。

ステージ2【イノベーションステージ①】出産・子育てをする時期（20代～40代）

このステージ2を「出産・子育て」と設定しましたが、それには結婚することが大前提となります。ここでセルフイノベーションを起こしてほしいのです。つまり、同じ場に留まらず、新しい価値を生み出していくのです。**結婚は女性にとってセルフイノベーション**です。ぜひ結婚について積極的に考えていただきたいと思います。

これまで述べたように、幸福感や充実感は、受け身の姿勢で手に入るものではありません。**この時期において、「自分のハピネス」に没頭するのではなく、「将来のウェルビーイング」を見据えてどれだけ行動するかが、その後の人生を大きく左右することになります。**

そしてパートナーと出会って結婚したのなら、この時期は自然と出産と子育てが中心となります。
一般的に、この時期の女性には次の3つの選択肢があります。

- 仕事を優先し、早くからキャリアを形成する。
- 自由や楽しさを求めて、自分の世界を優先させる。
- 子育てを優先させる（仕事をしながらでも可能）。

どれを選択するかは個人の自由ですが、**この時期はぜひ子育てを優先させる時期にしていただきたい**と私は考えています。

●キャリアの磨き方

その前のステージ1で、すでに自分のキャリアやライフプランを描いている人もいると思いますが、20代のときに描く理想的なキャリアや直線的なキャリア形成は、現実的ではない場合も多々あります。

「うまくいくこともあれば、うまくいかないこともある」というのが人生の常ですから、**「描いたプラン通りに進んでいく」**よりも、**「そのつどのように対応していくか」という柔軟性のほうが重要**となるのです。

また、「人生100年」といわれる時代ですから、キャリア形成を急ぐ必要はありません。

長い人生ですから、子育てに没頭したあと、そこで養われたキャリアを活かすという選択肢をおすすめします。

「この時期に出産や子育てを経験するよりも、仕事に注力して実力や実績をつけたあとに、子育てをすればいいのでは？」と考える方もいるかもしれません。

しかし、私がこの時期に子育てをすすめるのは、体力の問題があるからです。

医学が発達し、最近では高齢出産も当たり前となりましたが、**子育てにはやはり体力が必要**です。

さらに、子どもの数という視点もあり、先に述べたように、私は子どもの数が多ければ多いほど高いウェルビーイングを得られると考えていますが、出産と子育てをする期間を20年程度と想定すると、30代のうちであれば、複数の子どもを産み、育てることができます。

●女性の本質的な使命に向き合う

子育ては、女性の本質的なミッションです。

あらゆる生物に共通しているのは、種の存続と繁栄が重要な使命であるということです。あらゆる生物は自身の命を外敵から守り、子孫を繁栄させることに努力しますが、これは人間も同様です。

人間もまた、自己の命を尊重し次の世代に継承するために、子孫を残し、守ることこそが第一の使命といえます。

そのような前提のもと、女性というのは子どもを産み、守り育てる機能を有しています。

出産という行為は女性にしかできない特別な役割であり、子どもを産み育てることで、女性は人類の存続に貢献する。そしてこれこそが、女性の根本的な使命ではないでしょうか。

生まれながらにこのような特性を備える女性は、自身の使命を果たし、社会の発展と幸福に貢献することができます。これは、女性だけが享受できる大きな特権です。

ただし、なかには子どもを産むことができない女性もいるでしょう。

しかし女性は、**たとえ子どもを産めない、あるいは産まないという選択をしても、他者の命を尊重して助けることで、自らの使命を果たすことができる、**と私は思っています。

自分の子どもではなくとも、他者に貢献することが、人類の存続という大きな使命を果たすことにつながるのではないでしょうか。

●子育て期間に「ウェルビーイング」の種を蒔く

もちろん、子どもの数が多いほど大変さも増えるともいえますが、**たくさんの子どもたちと日々向き合うことで、得られる喜びや幸福もそれ以上に増していく**ものです。

育児は本来楽しいものですが、より正確にいえば、**育児は長期的に見れば楽**

しいものだといえます。

育児のそのつどの場面においては、子どもに対してイライラすることもあるでしょう。しかし、子どもが成長していく姿を見ることで、そうした大変さはすべて吹っ飛んでしまいます。

こうして月日を重ねて得られる育児の幸福感は長い間じわじわと心に残るもので、これがのちのウェルビーイングにつながっていきます。ここでポイントとなるのは、**この時期に子どもに真摯に向き合った人ほど、その後のウェルビーイングが大きくなる、**という点です。

先に、能動的でなければ幸福は得られない、とお話ししましたが、**育児というのは女性の能動的な側面をより引き出してくれる機会**といえます。

乳幼児のうちは、母親がしっかり目をかけていなければ、生命の存続さえ危ぶまれるほど小さな存在ですから、女性は1日24時間子どもに集中し、積極的に関わらなければなりません。

成長すると、子どもは常に全力で向き合ってきますから、母親も自然と子どもにエネルギーを注ぐこととなります。

母親がいかに全力で子どもに向き合うかは、子どもの健やかな成長にも大きく関わりますが、母親自身の能動性も引き出し、成長する契機となるのではないでしょうか。

次のステージ3に行くための力をためる

子育てを通して、さまざまな学びを得ることもできます。

まず子育てというのは、自分の思い通りにならないことがたくさんあるもので、**「理屈では通用しないもの」に向き合いつづけることで「対応力」を習得することができます。**

また、地域や学校のＰＴＡ活動への参加が発生しますから、ビジネスの現場で得られるのとはまた違ったコミュニケーション力も得ることとなるでしょう。

ビジネスの現場では、同じ組織、同じ業種、同じ業態と「似た環境の人たち」と関わることが主となりますが、「地域」や「ＰＴＡ」という括りのなかでは、まさに多種多様な年齢・属性の人と関わることになります。

それは普段の「自分の世界」では会うことのない類の人たちであり、**子育て**

が自身の世界を大きく広げてくれるともいえるでしょう。

もちろん、子育てをしながら仕事をする人もいることと思います。なかには、復職後に元の職場や職位に戻れない場合や、パートタイムや派遣社員として働く場合もあり、そのような方は「キャリアが中断された」と後悔したり悲観したりするかもしれませんが、その必要はありません。

たとえキャリアが中断しても、人生はまだ半分以上残っています。

そうであれば、**「子育て期」という貴重なこの時期を、「未知なる自分に出会う時期」と前向きに捉えたほうが、はるかに建設的**です。

現に子どもという「未知なるもの」との対話によって、新たな自分の側面に気づいた、という人も多く、わかりやすい例でいえば、「独身だったときは料理なんてしたことがなかったが、子どものために料理を始めて、意外に楽しく感じている」、あるいは「子どもの勉強を見るうちに、わかりやすく教えることが得意になった」というケースもあるでしょう。

子どもを持たなければ知らなかった自分の強みに気づくことも珍しくありません。

ただし子育てというのは、「子どもの世話をしなければならない」という事情から、さまざまな面で制約が課されることは否めません。

自分の生活が大きく制約されるなか、内側ではエネルギーがどんどん溜まっていき、それが次のステージで活躍する大きな推進力となるのです。

ステージ3【イノベーションステージ②】自分の新たな価値を生み出す時期（40代〜60代）

40代から60代にかけては、**「自分自身の新たな価値を生み出し、変革していく時期」**で、最も大きなセルフイノベーションを起こす時期です。

ここでいう「新たな価値」とは、出産や子育ての時代にはできなかった仕事などを指します。

この時期は、自分の本来の能力と、子育て期間で培った能力を活かし、仕事を始めることをおすすめします。

子育てを通して、自分のやりたいこと、あるいは得意なことが20代のころよりもはっきり見えてくるため、職種を選ぶことも容易となります。仕事でキャリアを積み、それに伴って若いときよりも多くの収入を得ることになり、それが次のステージを楽しむ源泉ともなります。

●ビジネスの場に出る自信につながる

私は子どもが手を離れたころ、夫の誘いを受けて仕事を始めることになりましたが、子育て時代に「次は○○をやろう」などとはっきり決めていたわけではありません。

当時は、母親の体が不自由になって近くの家に住まわせて介護していたので、精神的にひどく疲れていました。夫は、そんな私の気分転換になるように働くことをすすめてくれたのだと思いますが、不安がいっぱいの状態で飛び込みました。

同じ場に留まらず新たな世界で挑戦してみようと、セルフイノベーションを起こした結果、私はビジネスの世界にのめり込み、多くの成果を上げることができました。それはひとえに、**ステージ2の子育て期間にマネジメント能力を培っていたことが大きい**と感じています。

女性が子育てによってどんな能力を得られるのかは、2章でお話ししたとおりですが、育児や家事は広いジャンルにわたる仕事であり、常に自主的な判断を要しますし、技術も必要です。

それに、子育てや家事の場面では自分自身で課題を解決していく責任がありますから、会社で組織の一員として働くよりも重大な仕事といえるかもしれません。**社会や会社においては、「自分の代わり」はいくらでもいますが、家庭においては「母親」に代わる存在はいない**のですから。

いざビジネスの世界に入ってみると、不安よりも新鮮な気持ち、楽しい感覚のほうが大きくなりました。正直にいえば、子育てのほうがビジネスよりも大変だったからだと思います。

●「中長期的な視野」を持つことができる

また、子育て経験を持つ女性は、中長期的な視野で物事を見る能力が男性よりも得意であることは、先に述べたとおりです。

子育て中の女性は、子どもが成長するまでの長い時間、「理想の将来像」と「目の前の現実」の両方を考慮しながら子どもの世話をしますから、常に物事を広い視野で俯瞰する必要があります。

この「中長期的な視野」というのは、ビジネスや組織においても不可欠です。

私の「人事マネジメント」という仕事でいえば、5年後、10年後の組織の理想像を描き、たとえば誰がどんなポジションで仕事をしているかなどをまず考えます。そして、そのゴールから逆算してどんな改善が必要かを把握し、現状を見て必要な組織改善・人材育成の施策を立案し、実行していきます。

そう考えると、私は子育てと同じようなことを仕事にしている、といえるかもしれません。

ビジネスで活かせた子育てキャリア事例

私が仕事で成果を出すことができたのは、家事や子育てに真剣に取り組み、自然とさまざまなスキルが身についていたからであることを感じています。

私が「会社に入るまでは、家事や子育てくらいしかしていなかった」と話すと多くの人に驚かれるのですが、特に男性にとっては、それまで仕事の経験がない人が50代で突然活躍するというのは、なかなか信じられないようです。

しかし、ここに大きな誤解があると考えているのですが、子育て中の女性は仕事をしていないわけではありません。キャリアを積んでいたのです。

家の外に出て仕事をしているわけではありませんが、家事や子育てという仕事に取り組んでいて、それはリーダーシップやマネジメント力も必要とされる、立派な仕事です。

仕事の種類は異なっていても、培ったスキルはビジネスでも十分に活かすことができるものです。

詳しくは前にも紹介した拙著『ブレークスルー』にまとめていますが、私はまず、「会社の真の課題は何か」と考えました。そして、「営業戦術を駆使する」ことではなく「相続専門の会計事務所と認知される」ことだと感じ実行しました。これには子育てで培った「問題解決能力」が活きました。

次に「採用戦術を駆使する」のではなく「ブランドイメージをつくることが大切」と感じ実行しました。これには子育てで培った「あきらめない心」や「根気強さ」が活きました。

さらに「レベルアップ」ではなく「グレードアップ」する必要があると気づき実行しました。これには子育てで身につけた「長期的視野」が活きました。

このように子育てこそ、女性が自分自身に最も大きな力をつけられる機会といえるでしょう。

ステージ4【イノベーションステージ③】自分と社会に還元し心地よく生きる時期（60代～）

60代になっても、同じ場所に留まらないためのセルフイノベーションを起こします。

60歳からの時間は、**自分自身と社会に還元するための時期**だと私は考えています。

過去に築いてきたことにこだわる必要はなく、仕事で大きな成果を上げたとしても、それを手放してもいいのです。

そして、次の世代につないでいくのです。

「既存のものを手放す」、それに「しがみつかない」というのは、イノベーションの重要な要素のひとつですが、**女性はそれまでの役割や束縛から自身を解放し、本当に好きなことや心地よいことに取り組んでいく、それがこのステージ4**なのです。

ステージ4でおすすめしたいことは、次の4つです。

①やりたかったこと、やれなかったことをする
②ひとりで没頭できること（＝「真の趣味」）をする
③ゆるやかなコミュニティづくり
④社会貢献・他者貢献

●「自分のこと」を追求できる時期

この時期で重要なのは、「自分の心地よさ」をひたすら追求する、という点です。

女性はそれまで、家庭や職場でそれぞれ何らかの役割を課せられてきました。**「心地よさを追求する」とは、つまりは「自分らしく生きていく」ということ**です。

子どもや仕事という制約から解き放たれ、自分らしさを追求していい時期が、このステージ4です。

これまでのステージで、やりたかったのにやれなかったこと、やり残したことに挑戦していきましょう。どんなことでもかまいません。くだらないと思うことでもよいのです。「ハピネス」（＝心が感じる「そのときどきの幸福」）なことであってもいいでしょう。

ゴルフを始める、バンド活動でボーカルをする、ひとり旅に出る、鳥の観察をする、小説を書く、好きなミュージシャンの追っかけをするなど、仲間とすることでもひとりですることでも何でもかまいません。**特に大切なのは、ひとりで没頭できるものを見つけること**で、私はそれを「真の趣味」と呼んでいます。

「真の趣味」とは、私の定義では、ひとりで何時間でも没頭し、深めていけるものです。世間に認められなくても「変わった趣味を持っていますね」と言われてもいいのです。「理解できぬ趣味」ということですが、人に言っても理解されないから秘密にしておきたい、と思う場合もあります。この「真の趣味」を見つけるには、小さな子どもの時代に、時間を忘れて遊んでいたことにヒントがあります。ぜひ思い出していただきたいです。

また、人間関係がわずらわしくない程度の、ゆるやかなコミュニティづくりも大切です。人間はみな共同体に属していて、ひとりでは生きていけないものです。

こうしたことをやっているうちに、自然と**「誰かの役に立ちたい」「社会のために役立ちたい」**という気持ちが芽生えてきます。

それを実行することでウェルビーイングを得ることができます。**ウェルビーイングは、世の中に対して自分の存在価値があると認識できたときに獲得される**のです。

人生の本番は60歳から

私は、**60歳からが人生の本番**だと思っています。

現に、40代後半のときに長唄三味線を習っていたのですが、私のお師匠さんは70代後半で、生徒さんは主に60代の方でした。

みなさんは生き生きと人生を楽しんでいて、「三味線の世界は60歳からが本番。40代のあなたは『ひよっこ』」と何度も言われたことが心に残っています。

そういえば、私の母も49歳で娘ふたりを嫁がせると、50代でダンスを習いはじめて講師免許を取り、60代からダンスの指導をしていました。

これらの話は、20代前半で「仕事をどうしよう」「結婚や子育てをどうしよう」と悩んでいる人であれば想像もつかないことかもしれません。けれど、約40年後に人生の本番が訪れると考えると、これからの人生でどんな道を選択するかに影響を及ぼすのではないでしょうか。


私は、ステージ3の時期に会社のブランドイメージの向上や制度改革を達成し、業績の向上などにも貢献して、「会社のイノベーションができた」という大きな満足感を抱いていました。

この達成感——幸福感といってもいいかもしれませんが——はしばらく続きましたが、そのうちに「まだ、自分のことは何もやっていない」という気持ちを抱くようになったのです。

なぜ、そんな思いが生じたのか。そこで自分のそれまでをあらためて振り返ってみると、それまでは主に「尽くす人生」を送ってきました。そのつどの環境で「娘」「妻」「母親」という立場で、両親、夫、子どもたちを支えてきたわけで、「自分のため」よりも「誰かのため」というのが当たり前だったのです。

もちろん、それぞれの立場で常にモチベーションを高く保ち、真摯に頑張ってきたので、それに後悔はありません。けれども、**「いろいろな拘束から解き放たれて『自分のこと』を追求してみたい」**——そうした思いは日に日に強くなり、それまでの仕事中心だった生活を変え、新しい環境に踏み出すことを決意したのです。

●「ゆるやかなコミュニティ」がもたらす喜び

そこで、まずは気心の知れた人たちと心地よい時間を持とうと考え、故郷で高校時代の友人との交流を積極的に増やしました。

自分から発信して集まる機会を増やし、コミュニティをつくり上げ、そこで「これからは自分自身のために生きていく」と宣言。友人たちはちょうど定年を迎える時期でしたが、驚く人もいれば共感してくれる人もいました。

そこで、故郷に自分の居場所（コミュニティラウンジ）をつくりました。実家をなくして十数年が経ち、郷愁を強く感じてセルフイノベーションを起こしました。結婚まで過ごしていた故郷で心地よさを求めて新たな居場所をつくったのです。

この場所は自分の心地よさを求めるための場としてつくり、メンバーシップ制で、ほとんどが高校の同窓生です。次第に広がり、利用されるようになり、現在ではＯＢ・ＯＧ会の役員会議や打ち合わせなど、さまざまなコミュニティ活動に利用されています。また、私自身もさまざまなイベントを主催していま す。

こんな挑戦を経て、私は高校時代の友人たちと再び交流するようになりました。

高校時代は優秀な同級生たちや受験のプレッシャーにより、楽しむことがあまりできず、話す友人も限られていましたが、時間が経つにつれてその学校が素晴らしい理念を持っていたことに気づくようになりました。

以前から開催していた同窓会に加えて、私自身が主体となって小規模なクラス会や女子会も開催するようになり、母校や同級生、ＯＢやＯＧとの交流は、私の人生の財産となっています。

おもしろいのは、**おそらく私がこれまでのステージでセルフイノベーションを起こさなかったら、こうした同窓生とのつながりは生まれなかっただろう、**ということです。

人生に「もしも」は通用しませんが、もしも会社に入らず、専業主婦として歩んでいれば、このように60歳を過ぎてから自分の居場所をつくるなどとは思いつきもしなかったでしょう。

子育てに明け暮れたステージ2、仕事中心だったステージ3を歩んだから、このステージ4で自分らしく心地よい生き方を追求できるのだと考えています。

●「自分の本質」を活かした楽しみ方

この**ステージ4では、ステージ1での「没頭するほど好きだったこと」も、**

重要な要素となります。

私は幼少期、人形遊びが好きだったことは先にお話ししたとおりですが、現在のステージ4の活動で行なっている「場をつくる」「そこでマネジメントする」ということが、幼いころから変わらず好きなのだと思います。小さいころは人形たちを登場人物にしていましたが、今では心地よい人たちとそれを行なっているわけです。

読者のみなさんも、**自分の得意なことや興味のルーツはどこにあるのか、子どものころに何に没頭していたのか**を思い出してみると、思わぬ「やりたいこと」が見つかるかもしれません。

ステージ4以降は、家族の喪失や友人との離別など、多くの別れが訪れる可能性のある時期です。そうした状況でも、「自分の心地よさ」を追求してウェルビーイングを得ている状態であれば、悲しみに負けず、人生を楽しむことができるのではないでしょうか。

ステージの最終段階ではセルフイノベーションが不可欠

ここで重要なのは、**それぞれのステージへ移行するには、必ず大きなセルフイノベーションを起こす必要がある**ということです。

先の4つのステージは、それぞれで環境も求められる役割も大きく変わります。

次のステージに移行するという大きな変化を迎えるときに、思い切ってセルフイノベーションを起こしていただきたいのです。

ビジネスにおいては、「イノベーション」とは、既存のものと新しいアイデアから革新的な製品やサービス、プロセス、または方法が開発されることを指し、社会や経済に大きな影響を与える力を持ち、私たちの生活や社会のあり方を変える力を備えています。

私は、同じようなイノベーションを一人ひとりの個人レベルでも起こすことが大切だと考えています。

つまり人間は、生まれ持った能力とそれまでに培われた能力を活かし、**新しいアイデアから社会的に意義のある新たな価値を創造し、自身に大きな変革を遂げることができる**のです。

イノベーションにあたっては、既存のものを思い切って捨てることも重要です。

「捨てる」ということはストレスを伴うものですが、目的のためには不要と思われるものを捨てないと、新しい価値が生まれません。時間の経過とともに新しい自分の価値が身につき、ウェルビーイングへとつながっていく可能性を秘めている、と私は考えています。

女性のウェルビーイングはセルフイノベーションの先にあるものであり、ウェルビーイングを望むならセルフイノベーションを起こすことが必須です。

また、セルフイノベーションは勝手に起こるものではなく、あくまで自分の意思で引き起こさなければなりません。

その意味では、**セルフイノベーションを起こすことができた人だけが、次のステージに進むことができる**といえます。

まずはステージ1からセルフイノベーションを起こし、結婚、子育てという未知の環境に思い切って移行し、自分の新たな価値をつくってみてはいかがでしょうか。

ステージ2では子育てに真摯に取り組んでいくと、さまざまな能力を培うことができます。そして、それを活かすステージ3への転身が待っています。**強い意思を持ってそれまでの自分の環境を捨て去り、新たな環境に挑戦していただきたい**と思います。

環境を変えるというのは大きなエネルギーを伴うことですから、やはりここでも能動的な姿勢を持っているかどうかが重要なポイントとなります。

ステージ4を活かすためには、ステージ3の最終段階でもセルフイノベーションが必要です。私の場合、思い切って、息子や娘に自分の仕事を任せました。「つぶしたってかまわない。渡した舞台で思い切り楽しんでほしい」と伝えました。

こうして能動的にセルフイノベーションを引き起こし、挑戦を恐れず目の前のことに真摯に取り組む人ほど、のちに得られるウェルビーイング、つまり幸福感や満足感も高まります。

つまり、**セルフイノベーションの先にウェルビーイングがある**のです。

年齢を重ねると、幸福感は増していく

ウェルビーイングを感じられる時期としては、具体的にはステージ4ですが、それはステージ3までを真摯に取り組むことが不可欠です。

それによってステージ4では自分が自由に使えるお金が増え、選択肢がより広がります。

「お金」というのは常に人間の行動を狭める要因となりますが、**使用するお金に憂いがなくなることで、真に自由で制約のない状態になる、**ともいえるでしょう。

なかには、「20代や30代の若いうちに、キャリアや子育て、経済力、自由といったすべてを手に入れよう」という人もいるかもしれませんが、それは必ずしも得策とはいえないように思います。

なぜなら、**女性は子育てを通じて獲得した能力から最高のキャリアを得て、それによって若いときよりも大きな経済力を獲得することができる**からです。

ステージ4では、**若いときに得ていた幸福感とは異なり、お金や時間にあまり制約がない、自由な状態で自分が本当にやりたかったことを追求できる状態になります。**そして、さまざまな経験を積むことで若いときよりも発想が豊かになっているため、より楽しむことができます。

また、**「社会貢献」「他者貢献」**というのも、ステージ4を楽しむためのキーワードとなります。

子育てを通じて「他者への貢献」を知った女性は、自分の幸福感だけではなく、社会や他の人々の幸福を追求していくことで、得られるウェルビーイングもより増していくことになるでしょう。

こうして女性は、4つのステージそれぞれでセルフイノベーションを起こし、成長していくことで、ウェルビーイングな状態に至ることができるのです。

私自身を振り返ってみると、20代、30代、40代は子育てに、50代は仕事に注力してきましたから、60代になって初めて自分の時間を持ち、自分らしい心地よい時間を過ごせるようになりました。

「遅すぎるのでは？」と思われるかもしれませんが、**50代で得た仕事上の喜びや、現在の60代での心地よい環境から得られるものは、20代では得られないような、より味わい深いものになった**ことを感じています。そして、**その喜びや心地よさを社会に還元していく幸せ**も感じています。

20代のころは、目先の幸福や不幸にとらわれて一喜一憂しがちでしたが、今は恒常的に満たされた気持ち、つまりウェルビーイングを感じているために心の安寧を得られている、といえるかもしれません。

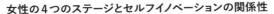

女性の4つのステージとセルフイノベーションの関係性

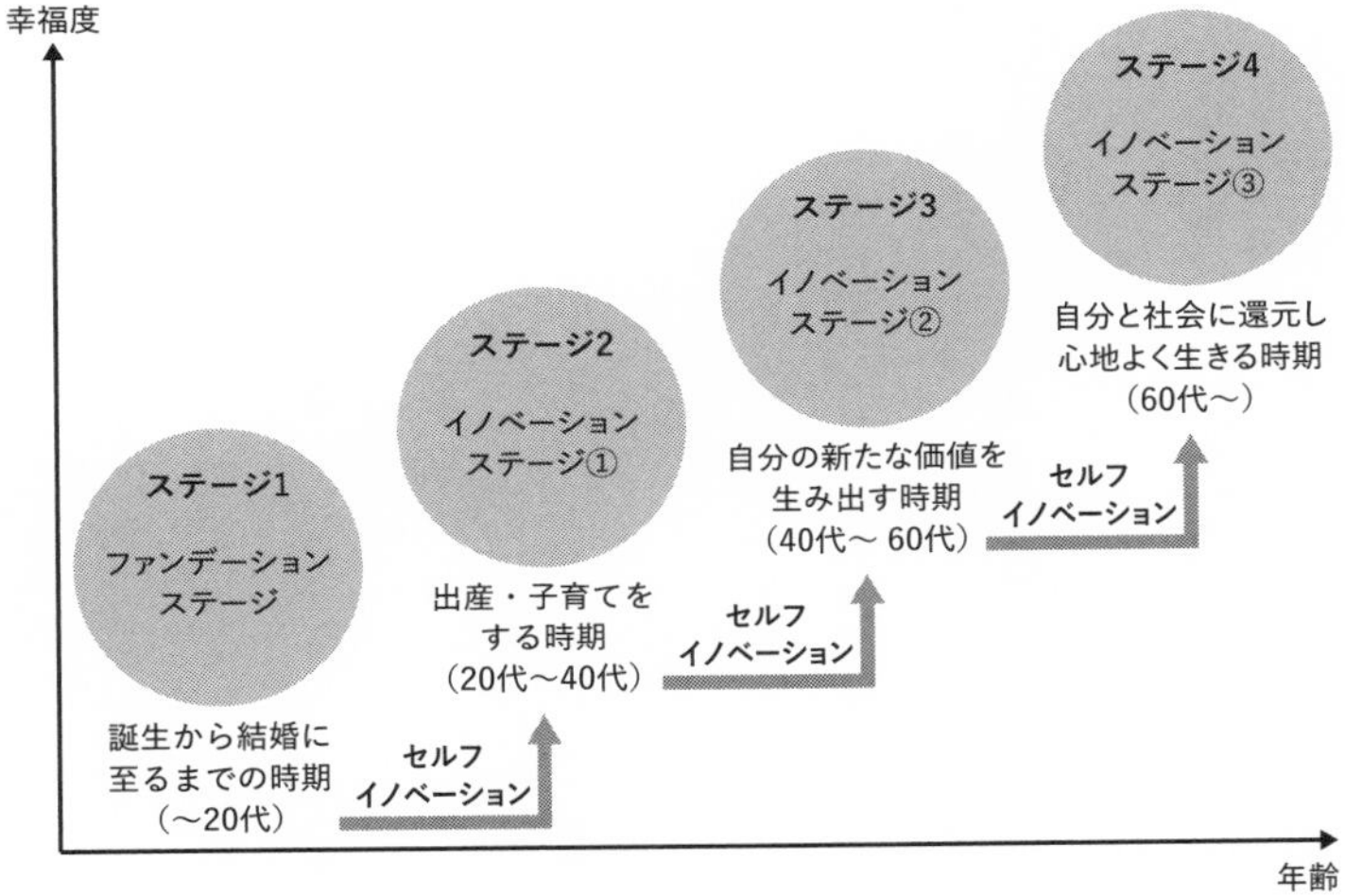

もちろん、ステージ3で仕事に注力していた時期にも、幸福を感じる場面はたくさんありました。

ただし、仕事上で得た達成感や喜びは、あくまで一時的なものであり、むしろステージ2の子育てにおいて感じられた幸福感のほうが大きいことを実感しています。

そして現在、ステージ4にいる私が感じる幸福感は、当時は大変だった子育て期があったからこそ得られているのだ、ということも。

人生を「延長」で考えない

人生のステージを移行するときには、大きなエネルギーを必要とします。そのため、私自身も過去を振り返ると、新しいステージに移行する時期にはストレスを感じることがありました。

こうした場合に、1つのステージを延長しようとする人も見られます。同じ環境を維持するほうがストレスが少ない、と考えるのでしょう。

しかしウェルビーイングを得るにはセルフイノベーションが不可欠です。そしてセルフイノベーションを起こすためには、まず「既存の何か」を捨てなければなりません。何かを選択するということは、何かを捨てる、ということでもあります。

ビジネスの場合、イノベーションによって一時的に業績が悪化することもありますが、この苦しさを乗り越えれば、数年後には大きな利益が生み出せるかもしれません。

個人のイノベーションも同様で、**日常的に行なってきた「当たり前」を一部でも捨て去り、新たな挑戦に真摯に取り組むことで、新しい自己の価値が育まれる**のです。


私の場合、大学4年のときに結婚が決まったのですが、夫から「専業主婦になってほしい」と言われ、私自身も家事と仕事を両立させるのは無理だと考えていたため、結果的に就職せず「仕事」という進路を捨て、ステージ2に進んで「子育て期」に入りました。

そのステージ2の終わりには、「主婦」という役割、家庭での仕事（家事）を捨てました。自分がやりたいことや自分でなくてはいけないことだけ残しました。具体的には子どものお弁当作り、洗濯、母の病院の付き添いだけをやり、そのほかのことは外部に依頼しました。掃除代行サービス、介護ヘルパー、食事宅配サービスなどを頼みました。

そうして夫の会社に入ることになり、さらにはステージ2の人間関係——ご近所やママ友との付き合いを制限し、習い事はやめました。その後ステージ3に入り、ビジネスの世界にのめり込んでいきます。

ステージ3の終わりには、「仕事」を捨てる決断をしました。現在でも仕事は継続していますが、子どもたちが会社に入ってきたので少しずつ運営を任せることにして、自分の役割を徐々に薄くしていったのです。

そう考えると、私は夫と子どもとの間に立ち、事業の承継をするための橋渡し役だ、というようにも思っています。

そして今、私はステージ4で「自分の心地よさ」を追求しながら、自分らしく毎日を楽しんで過ごしています。この先にあるウェルビーイングを感じながら、これからの人生をさらにイノベーションできたらと考えています。

同世代の女性で、ステージ2の「子育て期」から脱却していない人もいます。

「祖母として孫との関わりを楽しむ」という人にとっては、「孫との交流」が生きがいであり、運動会や発表会などに孫の応援に行ったり、一緒に外出したりするエピソードを写真とともに楽しそうに話すものです。

これも人生を楽しむひとつの選択です。立派に子育てし、社会貢献したわけですから、子どもや孫と過ごしてウェルビーングを得ているのです。

私にも孫がいますから、孫をかわいいと思う気持ちは同じです。私自身孫との関わりを楽しみ、孫との時間も大切にしています。

ただ、孫と過ごす以外にも楽しいことややりたいことは、どんどんやっていただきたいですし、まずは自分の人生を中心に考えてほしいと思います。

幸福を感じる選択肢がひとつしかない状態と、多数に広がっている状態と、あなたならどちらを選びたいと考えるでしょうか？

セルフイノベーションの先に最高のウェルビーイングがある

ウェルビーイングを得たいのであれば、4つのステージごとにやりたいことや実現したいことを明確にし、一生懸命に取り組むことが大切です。

ステージ2であれば子育てに、ステージ3であれば仕事に、といったように、ステージごとにさまざまな挑戦の場をつくっていきます。それに積極的に挑み、全力を尽くすことで、さまざまな成果が自然とついてくるようになる、と私は考えています。

その意味では、**ひとつのステージが終わるころに、次のステージでは何をしたいのか、自分の強みは何かを考えるのがおすすめ**です。

特にステージ2からステージ3に進むときには、自分の能力のどの部分を仕事に活かすかを、ぜひ考えていただきたいと思います。

現在20代の人にとっては、「60代でウェルビーイングが得られる」と聞いても、ピンとこないかもしれません。30代の人であっても、「そんな先の幸せよりも、今すぐに幸せを感じたい」という人もいるでしょう。

しかし、ここであらためて考えていただきたいのですが、平均寿命が年々延伸する現在において、20代や30代の人であれば、残りの人生は70〜80年もあるわけです。

そう考えると、大きな幸せを20代で摑む必要はありません。**「目先の幸せ」よりも「長期的な幸せ」を得たほうが、満足度は高いはずです。**

若い女性の方に見られる傾向として、若い時期に人生の幸せをすべて得ようと躍起になっているふしがあるように思えます。

実際、20代のうちに仕事やお金、恋愛や結婚など、目指す幸福をなんとかして手に入れようともがいている女性にもたくさん出会ってきましたが、それはまるで人生の終わりがすぐそこに迫っているような性急さに、要は生き急いでいるように感じられるのです。

しかし人生は、20年、30年という短い期間で終わるものではありません。今は人生100年といわれる時代なのですから、人生をもっと俯瞰的に眺めてもいいのではないでしょうか。

そのような広い視点で自分の人生を眺めることで、目の前の道がまた違った方向に拓けていくはずです。

さらに、**子育てという一見大変そうな道が、その後のキャリア形成にプラスに働く**と考えるとどうでしょうか？

キャリアの面から子育てをあきらめる必要はないわけです。そうであれば、**子育てによる幸福感も、キャリアで得られるやりがいや達成感もどちらも追求すればいい。**

子育ては、キャリア形成を阻害するものでは決してなく、むしろそこでさまざまなスキルを習得したり、セルフイノベーションを引き起こしたりするための重要な要因であり、ウェルビーイングに至るためには避けて通れないステージなのです。

自分の人生をどのように歩んでいくか、自分の意思をしっかり持って具体的に考え、どんな問題や壁に直面しても積極的に取り組んで乗り越える意識が大切です。

ウェルビーイングな状態に至るには、待っていてはいけません。能動的な姿勢や自分の意思が不可欠です。

人は考え抜いて挑戦を続けることで、結果として幸福を手にすることができるのです。

ぜひ、あなた自身の人生を、自ら切り拓いていただきたいと思います。

おわりに

最後までお読みいただき、心から感謝を申し上げます。

女性の生き方は多様化しており、どの道を選ぶべきか、そこに正解はありません。

それぞれが自分自身の生き方を選ぶことができるなかで、昨今の風潮では「子育て」という選択肢が避けられがちなのは、とても残念なことだと感じたことが、本書を執筆しようと思ったきっかけでした。

本書でお話ししたとおり、子育ては最高のキャリアであり、子育て期間はさまざまな能力を伸ばすことができる、とても貴重な期間です。

そして、子育てこそが、最高のウェルビーイングを得られるものです。

私は今、人生のステージ4を自分らしく心地よく歩んでいますが、ステージ

2で真摯に子育てを行なってきたからこそ、ウェルビーイングを得られているのだと思います。

実は、私が子育てとウェルビーイングの関係性について考えはじめたのは、母の死がきっかけでした。

私の母が49歳のときに、姉と私が結婚して、家を出ていくことになりました。母は専業主婦でしたが、その後50代で突然ダンスを習いはじめ、それからはすさまじい情熱を持って取り組み、その後講師資格を取得するまでに至りました。そして60代のとき、当時は珍しかったラウンドダンスの講師となったのです。ラウンドダンスとは、比較的新しいアメリカ発祥のダンススタイルです。60歳からの十数年間、母はダンスを指導し、生徒たちから信頼され、愛されていました。彼女の人生は大いに輝きました。母はとても楽しそうで生き生きしていて、私は、おそらくこの時期が母にとって最も輝いていた時期なのではないか、と考えていました。

ところが、それから5年ほどが経って母が入院したとき、私は何の気なしに「人生で一番楽しかった時期はいつだった？」と聞いたことがあります。
母の答えは意外で、私はとても驚きました。

「あなたたちを育てていたとき」

そして、「あなたとお姉ちゃんが遊んでいる様子を見ていることが、すごく楽しくて幸せだった」とも。

このときは、介護をしている私を気遣ってこんなふうに答えてくれたのかもしれない、と考えていたのですが、私自身年齢を重ねるにつれ、その言葉が母の心から出た真実の言葉だったことをひしひしと感じています。
子育ての期間というのは、たとえその当時がどんなに大変なことだらけだったとしても、女性にとって最高の時間であり、永遠に残る温かい思い出となるのです。

もちろん、どんな人生を選ぶかは個人の自由ですから、すべての女性が子育てを選ぶ必要はないと思います。

ただ、子育ての一時的な苦労に惑わされ、そのかけがえのない幸福を遠ざけることは、とてももったいないことです。

子育ての向こうにある最高のキャリアや最高のウェルビーイングを知ったうえで、人生の選択をしていただきたいと考えています。

そしてそのためには、まずは行動すること。変化や挑戦を厭わず、「ラクなほう」に流されず、果敢に人生のさまざまな局面で挑戦していくこと、そして、そのセルフイノベーションを楽しむこと。

子育ては、あなたに苦労や努力を強いるかもしれませんが、その先にかけがえのないものがあることをあらかじめ知っていれば、きっと乗り越えられるはずです。

思うようにならないから、少しうまくいくと、幸せが大きく感じられるのです。

「よいとき」と「悪いとき」の波があるから、幸せは大きく感じられ、「よいとき」に対して感謝の気持ちを抱くのです。

最後に、本書の執筆にご協力いただいた橋本淳司さま、編集担当の佐藤早菜さまに、あらためてお礼を申し上げます。

本書が、みなさんの行動のきっかけとなり、よりよい未来を築くヒントになれば、著者としてうれしい限りです。

2023年9月14日　天野紹子

参考文献

『幸せのメカニズム　実践・幸福学入門』
（前野隆司／講談社）

天野紹子（あまの・しょうこ）
レガシィマネジメントグループCOO、株式会社セブンス代表取締役社長、株式会社レガシィ代表取締役専務。神奈川県立湘南高等学校、慶應義塾大学文学部を卒業。専業主婦として3人の子どもを育てる。2005年から夫が代表を務める税理士法人レガシィの組織改革に携わり、2006年に株式会社FP ステーション（現株式会社レガシィ）顧問に就任。29年間の子育て経験で得た女性ならではの視点と能力を活かし、人事制度改革や会社のブランディング、リアルエステートコンサルティング部の創設、業績向上の仕組みづくり、生産体制の強化、組織風土の改革などを担当。6年間で売り上げを3倍に向上させた実績を持つ。著書に『真摯に生きる』（2012年）、『ブレークスルー』（2014年）など多数。本作が5作目となる。

子《こ》育《そだ》ては最高《さいこう》のキャリア、最高《さいこう》のウェルビーイング
2023年9月14日　第1刷発行

著者　天野紹子《あまのしょうこ》
発行者　寺田俊治
発行所　株式会社 日刊現代
東京都中央区新川1-3-17　新川三幸ビル
郵便番号　104-8007
電話　03-5244-9620
発売所　株式会社 講談社
東京都文京区音羽2-12-21
郵便番号　112-8001
電話　03-5395-3606
印刷所／製本所　中央精版印刷株式会社

表紙・本文デザイン　吉村朋子
編集協力　ブランクエスト

C0036

ISBN978-4-06-533464-5